Miete pro Kopf

Von Able D. Paryon

1.

„Verliere den ganzen Verstand, ein halber verwirrt nur“ stand auf der Leitplanke in gelber, kaum lesbarer, krakeliger Schrift. Er hatte einen metallischen Geschmack im Mund. War das Blut? Schlief er gerade ein oder wurde er gerade wach? Einen Brocken Erinnerung hatte er noch an den Traum. Es regnete in seinem Traum. Die von der Hitze schwangere Luft, kühlte langsam ab. Er saß in einem Auto, er fuhr viel zu schnell. Er war auf der Flucht. Vor was war er auf der Flucht? Spucke lief ihm aus dem Mund und er schmeckte Eisen. Er strich sich über sein Kinn und seine Finger waren rot. Blut tropfte

von seinen Fingern auf seine Hose. Das Auto donnerte die Straße entlang, die Regentropfen flossen vertikal, nicht nach unten. Manchmal fällt der Regen eben nicht nach unten. Das Auto war viel zu schnell als, dass er hätte reagieren können. Auch ohne die Feuchtigkeit die den Boden bedeckte, wäre der Wagen ausgebrochen, würde später ein Versicherungsvertreter sagen.
Die Kurve war zu scharf, für seine Geschwindigkeit. Schweiß perlte an seiner Stirn, Regen prasselte auf das Auto und von der Sonne war nur die schwüle Hitze übriggeblieben, die langsam mit dem Regen dahinstarb. Sein Herz raste.
Dunkelgrau war der Himmel, dunkelgrau war das Metall an der Leitplanke. Nur der Schriftzug, brachte ein wenig Farbe in die Sache. In der Kurve brach der Wagen aus und schien für einen Augenblick in der Luft zu hängen. „Ist es das? Sterbe ich hier?“ schoss es ihm durch den Kopf. Die Räder drehten sich in der Luft. Alles ist auf einmal so langsam. Ich kann sehen wie der Baum

Zentimeter für Zentimeter näherkommt. Was bringt der geschärfte Blick, wenn man doch nur Zuschauer ist? Was macht ein Menschenaffe auch in einem Personenkraftwagen? Der Mensch und seine Reaktion ist nur für Geschwindigkeiten ausgelegt, die er selber zu Fuß erreichen kann. Alles andere ist die Moderne, die langsam das tierische Dasein aus der Seele des Menschen kratzt.

Die Leitplanke schütze den unvorsichtigen Fahrer vor einem kleinen Abhang. Oder schütze die Leitplanke eine Gruppe Bäume vor dem unvorsichtigen Fahrer?

Der Knall hallte nicht nach, als die Leitplanke zerbrach, doch alles vibrierte. Das Gras waberte wie Wasser das durch einen Stein in Schwingung gebracht worden war. Das Auto neigte sich, neigte sich mit ihm zu Boden und entlud die 160 Pferdestärken Energie mit ihm an einem Baum. Er wollte schreien doch seine Stimmbänder versagten.

Es schüttelte ihn immer noch, als er die Augen aufmachte. Er lag in seinem Bett. In seinem spärlich möblierten Apartment.
Der Sechs-Uhr-Morgen-Güter-Zug ließ seine Wohnung im Mietshaus ab und zu erbeben.
Je nachdem ob er überladen war oder nicht.
Je nachdem ob der Zug vorangegangene Verspätungen aufholen musste.
„Was für eine Scheiße habe ich mal wieder geträumt." Fuhr es Ihm durch den Kopf. Du arbeitest 50 Stunden jede Woche um in einer Wohnung zu leben in der du, vom ersten Güterzug des Tages wach wirst.
Husten trieb einen Klumpen Schleim seine Kehle hoch, er spuckte ihn auf den Boden. Er machte Grau, Schwarz, Gelb und Rot aus, Rot war neu.
Er dreht sich um und versuchte noch einmal ein Auge zu zuzubekommen. Unter der Woche fahren Züge, an Wochenenden fahren die Züge, an Geburtstagen fahren die Züge, an Urlaubstagen fahren die Züge. Es fahren immer diese verdammten Züge.

Zumindest kann ich früher glücklich sein, als andere die länger schlafen.
Sein Gedankenstrom riss wieder ab. Er schlief langsam wieder ein. Zwischen Bewusstsein und Schlaf drängte sich ihm ein Gedanke auf: „Wenn mich nicht die Züge aufwecken, wecken mich die Träume auf." In seinen Träumen war alles grell und gewalttätig. Primitive gutturale Gesänge eines rebellierenden Unterbewusstseins. Nur gegen was? Gegen sein Leben, dessen Schmied er selber war? Gegen die Moderne, den Kapitalismus? Er war doch Bildhauer und Skulptur in einem, sich selbst aus dem Stein schneiden. So sah er sich selber und in seinen Träumen, was war da? Immerzu war dort Gewalt, immerzu war es grell.
Farben tanzten vor seinen Augen, eine Leere zog ihn davon, während blau, grün und rot nicht mehr aufflammten wie Flak Lichter, verschwammen sie in Mustern und die Muster zu Bildern. Mal sprang er aus einem Flugzeug, mal setzte er sich auf ein Gleis und wartete auf den Zug, mal kämpfte er mit

einem Bären, mal ertrank in der Strömung eines Wehrs, mal starb er im Alkohol-Delirium auf einer Parkbank. Einmal wurde er in einer Telefonzelle hingerichtet, er sah den Vollstrecker nicht einmal.
„Komm schon nicht so eine Scheiße, fünf Minuten, nur fünf Minuten Schlaf will ich noch. Aber bitte traumlosen Schlaf, geht das?“ Nur nicht raus, aus dem Bett nur nicht zurück in das Leben. An wen waren diese Worte eigentlich gerichtet? An Schlaf war nicht mehr zu denken.
Sein liebster Sterbetraum war der, in dem eine explodierte Druckerpatrone seine Halsschlagader zerriss. Eine Blutfontäne ruinierte die schönen mit grau-weiß Möbeln zugestellten Büroräume seiner Arbeitsstelle. War es seine Hand die Patrone präparierte? Seine Kollegen, diese Systemiten hätten es auf jeden Fall verdient. Jeder in dieser Branche hat schmutzige Hände.
Sein Unbewusstsein eröffnete ihm so viele Auswege, doch keiner schien der Richtige zu sein. Keiner schien zu halten, was er

versprach. Alle lockten ihn mit der Evakuierung der Seele. Gleite in die Freiheit, in den ewigen Schlaf.

„Was stimmt nicht mit mir?“. Dieser Gedanke huschte öfters an ihm vorbei. Wie das Rattern der vorbeifahrenden Züge begleitete ihn dieser Gedanke jeden Tag. „Was stimmt nicht mit der Welt, warum komme ich nicht zurecht?“. Er schüttelte den Kopf und raunte „Das ganze verdammte System ist krank.“ vor sich hin.
Sein Wecker schellte, die Stille zerbrach, so schnell wie seine Hoffnung, als er in diese Wohnung gezogen war. Lag in tausend Scherben auf dem Boden, überall lag ein Splitter seiner Menschlichkeit.
Jeden Tag wurde dieser Wecker lauter, jeden Tag störender. Wie eine Sirene eines Krankenwagens, die sich in deine Schädeldecke bohrt, wenn er auf dich zufährt. Der Wecker verstummte. Er verstummte nie wirklich, als sei der Wecker das Klingeln eines Tinnitus. Er konnte ihn ab

und zu tagsüber hören. Nie war er ganz weg, nur das Bewusstsein blendete ihn manchmal gnadenvoll aus. „Oder ist mein Trommelfell geplatzt? Das wäre schön, dann hätte ich endlich meine Ruhe. Ruhe…“.
Die ersten Sonnenstrahlen drangen zum Fenster herein. Genug Licht um in der zweiten Schublade des Nachttisches seine Schachtel Zigaretten zu finden. Eigentlich hatte er aufgehört zu rauchen doch an Tagen wie diesen, hatte er vom Aufhören genug. Die synaptischen Spalte, die an die Dopamin Ausschüttung durch das Nikotin gewöhnt war. Ja, auf die war Verlass. Tage wie diese, ja ja.
Tage wie diese, miese Arbeitstage, an denen ihm langweilig war oder er getrunken hatte. Kurzum, er hatte nicht aufgehört, einen Grund brauchte er doch morgens um aufzustehen. Ein Glimmstängel in der Hand war zumindest ein triftiger Grund nicht wieder einzuschlafen.

Wenn du während dem Rauchen einschläfst und einen Brand verursachst, zahlt keine Versicherung und du bekommst im besten Fall zwölf Monate auf Bewährung für Brandstiftung. Im Gefängnis kannst du dich dann von Steuergeldern ernähren. Steuern, die du vorher gezahlt hast. Ist das nicht seltsam, dass Steuersünder zur Strafe von Steuergeldern ernährt werden?

Mit der Zigarette in der Hand und blauem Dunst, der aus seinen Nasenlöchern drang, schleppte er sich in die Küche. „Kaffee. Kaffee ist gut, Kaffee macht wach, Kaffee ist wichtig. Kaffee ist Leben. Kaffee ist Liebe.“ Kaffee schüttet Adrenalin aus, Nikotin Noradrenalin, die beiden Botenstoffe sind Antagonisten und schalten gegenseitig ihre Wirkung aus. Kaffee und Tabak, das ist wie ein Hamsterrad. Du hast zu tun aber du kommst nicht vom Fleck.
Es rattert und gluckst, der braune Nektar der Götter ergießt sich langsam aber stetig, in eine Tasse mit der Aufschrift:

"Vom Leben gefickt, von Gott gefistet."

Ein Geschenk zu seinem 28. Geburtstag. „Nochmal so viele Jahre plus noch ein Jahrzehnt dann wäre es soweit. Dann wüsste ich ob meine spekulative Wette, auf Wohlstand im Alter Erfolg hat oder nicht. 40 Jahre eisernes Sparen, können in drei Jahren mit kräftiger Inflation, ein Schuss in den Wind gewesen sein. Wie tröstlich, dachte er. Er dürfte aufhören mit dem Arbeiten. Der Kühlschrank wird geöffnet, außer ein paar Soßen, zwei Bier und einer Milchtüte ist er leer. Milchtüte raus, Türe zu. Kaffee blond, aber nicht süß. Auf die Figur! Nicht aber auf die Gesundheit legt man Wert. Zumindest der Großteil der Ein-Dimensionalen Gesellschaft sieht hier den geldwerten Vorteil. Er hustet und fühlt einen weiteren Klumpen im Hals.
Er spuckt ihn in die Spüle und lehnt sich am Kühlschrank an.

Die Uhr in der Küche scheint falsch zu gehen. Er trinkt den Kaffee aus, raucht auf und geht ins Bad. Dort liegt sein Handy. Die Uhr auf seinem Handy, scheint auch falsch zu gehen. Er hat verschlafen dämmert es Ihm. „Geht dann mein Wecker falsch oder was? Es war wohl wieder Stromausfall.“ duschen, anziehen und ab ins Büro und "Ja Herr Meier, aber natürlich Herr Meier. Ich erledige das sofort Herr Meier. Ich kümmere mich über das Wochenende darum Herr Meier. Danke Herr Meier das sie mir diese Chance geben, mich unter Beweis zu stellen zu dürfen" sagen. Das aufgesetzte Lächeln dabei nicht vergessen. Gut trainierter Affe der du bist. Während er duscht, sticht sein Bauch bei dem Gedanken, dass er auf die 30. zugeht. Er sticht, wenn er daran denkt, dass er bisher immer gearbeitet hat, ohne Pause. Er sticht, wenn er an Schule, oder Studium, oder Arbeit, denkt. Er sticht, wenn er an das Leid, die Ausbeutung, die Unterdrückung deckt. Es sticht, wenn er an das System denkt. Immer tüchtig, immer fleißig, immer dieses stechen

und eine Wohnung nahe den Gleisen, einen trostlosen Job ohne Aussicht auf Besserung und ein Bankkonto das er kaum im Plus halten kann, Monatsende und wow 14 € und 36 Cents gespart. Sein Puls schlägt unregelmäßig. Es sticht, wie eine Nähmaschine die ihm die Magenöffnung zunähen möchte. Er stößt sauer auf. Psychosomatischer Stress, alles Einbildung, alles Ausreden nicht arbeiten zu gehen. Das findet nur in deinem Kopf statt. Wie so ziemlich alles, nur ein Spiel der Neurotransmitter ist.
Bei der Wirtschaftslage kann man froh sein, wenn man Arbeit hat. Aber natürlich Herr Meier, sie haben ja so recht Herr Meier. Mein Erfolg liegt darin ihnen zu dienen, das will er doch hören. Nach oben Bücken, nach unten treten, wie ein Fahrradfahrer. Hierarchie und Struktur einhalten.
Er schließt den letzten Knopf seines Hemdes und sein Magen sticht erneut. Er würgt. Der Muskelschlauch der den Magen umhüllt

zieht sich zusammen, es folgt ein schmerzhafter Krampf. Er röchelt.
Er beugt sich über den Toilettenrand, umarmt das kalte Porzellan, um den Anzug nicht zu ruinieren presst er sich dagegen. Rhythmisch zuckt seine Speiseröhre im Takt, um sich den Kaffee noch einmal, durch den Kopf gehen zu lassen. Saure, faule Milch und Magensäure schwimmen in der Schüssel. Zwischen undefinierten Brocken schauen ihn Fettaugen an.

„Ich bin 28. Jahre alt, ich weiß das die Muskelaktivität der Speiseröhre Peristaltik heißt und habe einen Universitäts-Abschluss, es ist das Ende des Monats und ich kann mir keine Packung Milch leisten. Ich hasse meinen Job. Ich hasse meine Kollegen. Ich hasse Armut. Ich hasse die Familienwerte des 19. Jahrhunderts. Diese Werte ziehen sich wie Tentakeln durch Kultur, Institutionen und die Gesellschaft und ruinieren alles. Sie schränken ein.

Ich hasse die, die zu Lange Leben. Ich hasse mich, dafür das es mich kümmert. Ich hasse die Menschen und mich selber dafür, dass ich anders bin. Ich will ihr Rentenkonto löschen. Ich möchte 3-Chinuclidinylbenzilat in das städtische Trinkwassernetz kippen. Ich möchte gepflegt grillen gehen. Ich möchte ahnungslos zu Grunde gehen und lächelnd mit allen Tanzen."
Ausgekotzt und fertig geflucht.

In der Wohnung stand blauer Dunst und es roch muffig. Die erste Zigarette konnte nur schwer den Geruch vom alten Rauch des Vortags überdecken.
Licht drang durch die vielen kleinen Spalten der Rollläden und das Licht warf kleine, helle Schatten durch das Bad. Er schnappte nach Luft während er sich an der Wand neben der Toilette anlehnte. Er kramte in der Hosentasche, fischte die Packung John Player Common heraus, öffnete die Schachtel und schloss sie wieder.

Für ein kurzen Augenblick hatte sein Leben wieder Glanz, als ein paar Funken sprühten und eine kleine Flamme die Zigarette zum Glimmen brachte. Das war die längste Zeit, in der seine Augen wieder Glanz hatten, dieser Augenblick verging so schnell wie er gekommen war.
Ein tiefer Zug, zwei tiefe Züge, drei tiefe Züge. Er stand auf und wechselte das Hemd, er hatte sich beim Erbrechen schmutzig gemacht. Ein wenig Asche schwebte langsam zu Boden, als er die letzten Knöpfe seines Hemdes zumachte.

"Das Leben ist schön. Das Leben ist gut.
Doch es schenkt dir nichts, alles was du haben willst, verdienst du dir oder begehrst es nicht.
Das Leben ist schön. Das Leben ist gut.
Alles was du willst das brauchst du nicht und alles was du hast das schätzt du nicht.
Das Leben ist schön. Das Leben ist gut."

Er murmelte die Worte vor sich hin, während er in sein Spiegelbild starrte, eine Träne lief ihm über das Gesicht, es war weiß wie die Asche-Flocken die am Boden lagen. Die verdorbene Milch hatte ihn noch blasser als gewöhnlich werden lassen. Als er die Tür in das Schloss schnappen ließ und sich auf zur Arbeit machte, lag die Nachbarschaft noch im Halbdunkel. Das ein oder andere Fenster war beleuchtet. Er schaut zu seiner Wohnung hinauf und seufzte. Der interessanteste Gesprächspartner von allen musste jetzt wieder ruhig sein, keine Selbstgespräche mehr.
Die Sonne war gerade aufgegangen, als der nächste Zug vorbeirauschte. Der Boden unter seinen Füßen wurde leicht erschüttert und er machte sich auf den Weg.

Dunkel zur Arbeit, Dunkel in Freizeit. Sprich mir nach: „Ich bin frei. Ich bin frei. Ich bin ein Nachtschattengewächs das an seinem eigenen Gift zu Grunde geht“. Solanaceae würde der Akademiker sagen.

Die Sonne ging unter, als er wieder zum Fenster seiner Wohnung aufsah. Die Arbeit war heute angenehmer als sonst gewesen, die faule Milch hatte ihn benommen gemacht.
Der Tag war an ihm vorbeigezogen, wie seine Jugend, wie Züge, Tag um Tag. Es schüttelte ihn, es ratterte, immerzu diese Züge. Er schloss die Türe auf, als er hineintrat sah er, dass die Badtür offenstand. Das schmutzige Hemd von heute Morgen hatte verhindert, dass der Luftzug, der tagsüber die Wohnung vom Zigarettenrauch befreien sollte, die Türe zuschlug. Es war zwischen Fliesen, Erbrochenem und Tür eingeklemmt. „Das wird da noch eine Weile dort liegen bleiben", sprach er leise und kraftlos vor sich hin.
Ein helles Licht strahlte ihn an, er griff sich eines der beiden Biere und schloss den Kühlschrank. Mit dem Rücken am Backofen, ließ er mit dem Feuerzeug den Kronkorken von der Flasche platzen. Hopfen ist Leben, Hopfen ist Liebe. Über Hopfen macht man

keine Witze. Hopfen ist eine Pflanzengattung aus der Familie der Hanfgewächse. Cannabaceae würde der Akademiker sagen. Die Glühbirne in der Küche war schon seit einer Weile kaputt. Manchmal fallen die kleinsten Dinge am schwersten, wie „Danke“ sagen oder wenn er einkaufen ging, um eine neue Glühbirne zu kaufen.
Die Straßenlaterne, die zum Fenster hineinscheint, spendete ihm etwas spärliches Licht.
"Was war geschehen? Habe ich aufgeben?" fragte er sich. "Wie habe ich es geschafft, hier her zu kommen, so zu leben?". "Mein größter Trost ist das Wehr auf dem Weg zur Arbeit.“. Selbstgespräche waren kein Zeichen von geistiger Gesundheit und doch waren sie besser als schweigend in der Küche zu sitzen und zu trinken. Wie hatte ein berühmter Autor einmal gesagt, wen du mit dir selber sprichst hören dir die Engel zu. War das ein religiöser Verkaufstrick oder war da etwas dran?

„Wenn ich entlang der Hauptstraße, über den Lilienweg zum Flussufer gehe, kann ich eine Weile am Wasser gehen, bis ich das Büro erreiche. Erst kommt die Ostend-Brücke, vielleicht 700 Meter und ein paar Sitzbänke und öffentliche Mülleimer weiter kommt das Wehr. Riesige Walzen halten das Wasser zurück, das Wasser presst sich durch ein Röhrensystem das noch aus den 50er- oder 60erJahren stammt. Vielleicht ist das Wehr auch jüngeren Datums, auf jeden Fall ist alles in rotem Backstein gehalten. Wenn du vom Wehr ins Wasser springst, zieht dich die Strömung innerhalb von ein paar Augenblicken unter Wasser. Selbst wenn dich jemand dabei beobachtet, käme jede Hilfe zu spät. Wenn du einmal abgetaucht bist, kannst du dich nicht mehr entscheiden aufzutauchen. Im Idealfall wirst du vom Sauerstoffmangel bewusstlos, im schlimmsten Fall quetschen dir die Walzen das letzte bisschen Luft, das letzte bisschen Leben, aus deinem Körper. Dein Körper wird

zermahlen und färbt das Wasser purpurn ein.
Nicht wie diese Deppen die sich vor den Zug werfen, nicht wie in meinem Traum, in dem ich meine Kollegen mitnehme. Niemand muss deinen toten Körper entsorgen, sauber und einfach für alle Beteiligten."

Hätte es einen Unterschied gemacht, dass einem Arzt anstatt der Küchenwand zu erzählen? Mit wem sprach er da? Einem Engel, der im Backofen wohnt? Das Licht der Straßenbeleuchtung flackerte und zuckte. Es schepperte und das Licht ging aus. Dahergelaufene Halbstarke hatten es wahrscheinlich ausgetreten. Wenn er genügend zu trinken dagehabt hätte, wäre er wohl irgendwann eingeschlafen nachdem er in den Backofen gekotzt hätte.
Er grinste und rappelte sich auf, er hasste es in Selbstmitleid zu versinken und doch konnte er es nicht lassen, wie diese verdammten Zigaretten. Er zog sich um, Jeans, T-Shirt und Turnschuhe, ab zum

Supermarkt. Bier und Pizza vielleicht eine Flasche Gin, es ist schließlich Freitag und die Hausbank hat doch einen großzügigen Dispo eingeräumt. „Kredit, Schuld, Zins, Knechtschaft.“ murmelte er. Das Konto hatte er kurze Zeit nach dem Tod seines Vaters eröffnet, als seine Mutter bereits wiederverheiratet war.
Damals wunderte es ihn, wie sie so schnell jemanden kennengelernt hatte, heute war ihm klar, dass sie eine Affäre gehabt hatte. Der Mensch war einfach nicht für die Institution Ehe gemacht worden.
Vater war ja auch immer im Büro gewesen, Zeit für eine Affäre war also genug da. Später dann öfters auch mal beim Arzt als es mit der Gesundheit bergab ging, aber immer noch hauptsächlich im Büro, auf jeden Fall nicht zu Hause bei seiner Frau und seinem Kind.

„Im Grunde sah ich ihn weniger oft als Kinder deren Eltern sich scheiden haben lassen. Die haben wenigstens das Wochenende, zweimal

im Monat gehabt.“ Sagte er, während er sich selbst im Spiegel betrachtete.
Da war es wieder, das Selbstmitleid, er hatte genug davon. Es war bitter genug, das Privatstudium selber abzuzahlen, nachdem sein Vater starb. Es war bitter genug hochverschuldet, mit seinem Abschluss keinen Job zu finden. Es war bitter genug mit Halbstarken eine Ausbildung als Bürokaufmann zu machen, um dann in der Firma anzufangen, in der er
als Ingenieur Praktika machen durfte. Es war so bitter wie saure Milch mit Magensäure.
„Doch bei der Wirtschaftslage kann er doch froh sein.“ Gott wie er diesen Satz hasste. Dauernd dieses elendige Selbstmitleid.
Er schlug die Wohnungstür kräftig zu, er hatte zu wenig gegessen und das Bier schlug ein wie 5 Kurze. Das verlieh im Schwung.
Die Alte aus dem ersten Stockwerk öffnete die Tür und schimpfte in den hell erleuchteten Flur hinein, Gonzo verstand es nicht mehr und da hörte er auch schon die Haustüre ins Schloss fallen.

Die Sonne war untergegangen, nur die Gehweg-Beleuchtung spendete Licht. Naja die vor seinem Fenster nicht mehr. Er ließ Funken sprühen und inhalierte, den blauen Dunst. Die Benzolsäure die seine Lungenbläschen zerfraß, das Nikotin, das die Bluthirnschranke passierte und direkt zu seinen Acetylcholin-Rezeptoren vordrang. Rauch kräuselte vor seinem Gesicht. Er hatte es nicht weit, doch für eine Zigarette hatte er immer Zeit. Jederzeit.

Rauchen fühlte sich an, wie einen Stromschlag zu bekommen.
Für ihn war das Rauchen ein Weg, sich noch lebendig zu fühlen. In dem man ein Stückchen Lebendigkeit aufgibt, wusste man das man noch am Leben war.
Zwei Straßen weiter, warf er einem Punk einen Euro in die Mütze. Der Punk saß immer am Friedrichsplatz, wenn man von Osten herkam. Der Punk hatte wenigstens den Mut, auf der Straße zu sitzen. „Den habe ich nicht“.

Er lief über den Friedrichsplatz und war fast beim Supermarkt. "Gonzo!", Stille, soweit man in der Stadt von Stille sprechen kann, "Gonzo!" hallte es zwischen den Häusern hervor, "Herr Herrhausen! DU HAST DOCH NE SCHRAUBE LOCKER! Erkennst du mich den nicht."
Da sah er, an der Einfahrt zum Wareneingang des Supermarktes, den Schreihals der nach ihm rief.
Igor stand da rum und trank wohl Bier, er hatte aufgehört zu schreien. Wobei man sich bei Igor nie ganz sicher sein konnte, seine ganze Existenz war ein Schrei. Er hatte Benzin in den Adern, war immer auf Hochtouren und drahtig gebaut.
Gonzo, so hatten ihn seine Kumpels in der Schulzeit genannt. Damals war das Leben noch bunt mit Farben, heute ist es nur noch Betongrau, Aschgrau, Feldgrau, Mausgraus, Schwarz, Weiß, Silbergrau, Schiefergrau, Rauchgrau, Anthrazit.

Er wäre Maler geworden, hätten ihm seine Eltern nicht nahegelegt, einen rechten und ordentlichen Beruf zu lernen, mit dem man Geld verdient. Nur hat sich das Versprechen der Eltern bis heute nicht eingelöst. Einmaleins der fallenden Profitraten hätte Marx gesagt. Nun hatte sein Job weder Bedeutung, noch war er wirklich profitabel. Dabei hatte er sein Bestes gegeben seine Arbeitszeit zum höchsten Preis zu verkaufen. Seine persönliche Legende war zu einer Farce verkommen.

"Gonzo, man was läuft? Man ewig nichts gehört von dir!", rief Igor."Ja, man, arbeiten halt. Was machst du so?"
Igor: "Ich besauf mich heute mit dir! Oder hast du keine Zeit, musst du morgen Arbeiten?"
Gonzo wollte nur einen ruhigen und trostlosen Abend zuhause haben, aber besaufen konnte er sich auch in Gesellschaft. Igor merkte das er zögerte.

"Komm schon,“, sagte Igor, „ich sehe dich doch sonst nie wieder."
Er dachte willkürlich an das Wehr, er lächelte und antwortete: "Ja das stimmt wohl, das stimmt wohl. Lass uns einen Trinken."
Igor lächelte zufrieden:"Mann, es tut so gut dich mal wieder zu sehen, Gonzo."
Er mühte sich ein ehrliches Lächeln ab, er freute sich über Igor. Doch sein Leben gab ihm schon länger nicht mehr genügend Gründe zu Lächeln. Ob nun selbstverschuldet oder nicht, das Lächeln fiel wirklich schwer.
Gonzo schlug vor, sich morgen vor dem Burnout zu treffen.
Igor war nicht begeistert: "Ne man Gonzo, morgen ist nicht spontan. Wahn ist das Beste und Einzige, Sonntag um zwei Uhr geht es nach Afrika. Gerade genug Zeit einen Rausch auszuschlafen."
Gonzos Augen weiteten sich: "Afrika? Was willst du da?"

Nachdem sich Gonzo und Igor mit einem Sixpack Bier ausgestattet hatten, nahmen sie

auf einer Bank Platz. Der Friedrichsplatz bot neben einem Basketball Feld, einer Bahnlinie, Fresstempeln und dem Supermarkt auch Bänke an. Früher hatten die beiden Schulfreunde öfters hier herumgelungert, wenn sie die Schule geschwänzt hatten. Die Noten hatten ja gestimmt, nur um die Disziplin war es damals nicht so gut bestellt gewesen. Das Nachholen von Disziplin war zwar eine Option die er gewählt hatte, doch bisher erwies sie sich als fruchtlos.
Es zischte als der Kronkorken in die Luft sprang, das Bier war zwar nicht warm, aber es schäumte trotzdem. Gonzo reagierte fachmännisch , trank direkt zwei große Schlücke, bekam aber trotzdem ein paar Tropfen auf die Hose und fragte: "Jetzt erzähl man, was ist mit Afrika?"
Igor schaute irritiert und antwortet: "Ach das habe ich mir nur ausgedacht um dir zu ein wenig Spontanität zu verhelfen."

Gonzos Augenbrauen senkten sich, er hob sein Bier und trank noch einen Schluck und schaute zu Boden.

Igor schaute fragend: "Man was ist mit dir? Mit dir konnte man mal scherzen. Ich habe mich als freiwilliger Entwicklungshelfer gemeldet. Ich hatte kein Bock mehr, mir hat es hier gestunken. Es hat förmlich überall gerochen. Und Grade dir ist doch Afrika so wichtig? Globales Armutsgefälle, Nord-Süd-Schere und so. Ich mach wenigstens was."
"Nach Afrika? Wo genau?" Gonzo war sichtbar erstaunt. Als hätte Igor ihn an sein früheres, idealistisches Leben erinnert in dem er noch vermochte zu träumen, von einer besseren Welt. Von einer gerechten Welt.
"Mir ist irgendwann mal für so eine Sache sozialer Dienst aufgebrummt worden. Waren gar nicht so viele Stunden. Na ja ist ja auch egal, auf jeden Fall ist mir irgendwann aufgefallen, dass ich mich in der Zeit am besten gefühlt hab.

Also während der Sozialstunden. Wenn ich hart für das Wohl anderer und nicht für mein Wohl gearbeitet hab.“
"Ja echt jetzt? Du bist dann jetzt auf dem Weg nach Afrika? Wo denn da? Der Kontinent ist echt groß.“ Gonzo schaute Igor an wie eine Kuh dreinblickt, wenn es donnert.
"Ja Afrika!"
"Genau genommen, arbeitest du doch dort auch nur für dich. Damit du glücklich bist, so selbstlos ist das nicht." merkte Gonzo an während in seine Tasche nach seinen Zigaretten griff. „Du hast nur existenzielle Angst, die du damit überwinden willst das du deine Zeit vertust. Hilft ja doch nichts.“ legte er nach.
"Ach komm, Gonzo! Grade dir müsste die Idee doch gefallen."
Igor war sichtlich enttäuscht darüber wie logisch und kalt Gonzo die Angelegenheit betrachtet. Logozentrismus ist die Hure die er schon lange begehrte. Den Verstand über alles stellen. Genau genommen machte das

alles doch keinen Sinn. Es war bedeutungslos. Ein Flocken Staub von 7 Milliarden, was richtet der schon an? Wen richtet er schon hin und bedeutet das dann irgendwas? Nur eine Flocke.
Gonzo zündete sich seine Zigarette an und streckte verbrüdernd seine Schachtel in Richtung Igor:
"Auch eine?"
Igor nahm die Schachtel: „Klar! Hab nur Drehtabak, ist
eine willkommene Abwechslung."
Sie saßen da und qualmten. Igor klopfte Gonzo auf den Rücken und sagte: „Was ist nun mit dir?“
„Was ist los? Irgendwas trägst du mit dir herum.“ „Ich kann nicht schlafen, der Job, Stress das übliche.“
„Musst halt einen trinken. Oder ehrlich sein mit mir, mit dir, mit dem Universum. Etwas von Bedeutung sagen. Wir können hier auch sitzen und oberflächliches Austauschen oder du sagst mir das los ist.“

Gonzo seufzte „Es sind meine Träume. Jede Nacht dasselbe. Entweder träume ich von Gewalt und Tod, in grellen Farben. Oder von diesem Fährmann."

Igor nahm einen tiefen Zug von seinem Bier und schaute Gonzo ermunternd an während er sagte:

„Nun schieß schon los."

„Entweder Gewalt in grellen Bildern oder ich wache auf einem Floß auf. Mitten auf dem Ozean. Das Meer ist ruhig, geradezu flach. Keine Schaumkronen. Kein Land in Sicht. Nur ruhiges Wasser."

„Wie groß ist das Floß"

„Es besteht aus 13 Baumstämmen. Die an der Oberseite abgeschnitten sind. Das Floß ist schön flach. Ich bin aber nicht allein. Da ist dieser Fährmann. Oder ich glaube das er ein Fährmann ist. Der Mann trägt ein Kleid aus schwarzen Federn, das nur den unteren Teil des Körpers bedeckt. Der Oberkörper des Fährmanns war abgemagert und er hatte gebräunte Haut."

Igor zog eine Augenbraue hoch und sagte: „Mach weiter."
„Er hat in keinen meiner Träume Augen aber er starrt immer zu auf das Wasser." fuhr Gonzo fort.
„Ich habe diesen Traum jetzt schon seit fast einem Jahr, abwechselnd mit Träumen von Gewalt, Blut und Tod. Jedes Mal, wenn ich vom Fährmann aufwache fühle ich mich als hätte ich nicht geschlafen. Mir ist kalt und ich bin erschöpft."
Igor sagte: „Spring doch mal ins Wasser."
Gonzo: „Das geht nicht, wenn ich es versuche folgt mein Körper nicht den Befehlen die ich ihm gebe. Ich friere ein. Ich kann aber mit dem Fährmann sprechen auch wenn er nicht viel sagt."
„Und was sagt er so?"
„Er spricht nur wenn ich ihn vorher anspreche, aber für 99% Träume kann ich ihn nicht ansprechen. Meine Stimme bleibt einfach in meiner Kehle hängen. Die paar in denen ich mit ihm sprechen konnte machen

mich auch nicht schlauer." Igor nickte verständnisvoll.
Gonzo fuhr fort: „Auf wo bin ich? Sagt er *habe keine Angst* in einer gutturalen Stimme. Auf wer bist du? Sagt er *ich bin hier* und lächelt mich mit seinem augenlosen Gesicht kurz an bevor er wieder auf das Meer schaut. Auf wo gehen wir hin? Sagt er *„Damaskus"* und holt aus einer Tasche in seinem Umhang zwei in einander verschlungene Ringe auf dem viele kleine Augen sind. Sie haben unterschiedliche Augenfarben. Dann gibt er mir die Ringe. Falls ich versuche weitere Fragen zu stellen, wache ich immer auf. In Schweiß gebadet und eiskalt, in der Regel zitterte ich dann eine Weile vor mich hin bis der Traum verblasst. Monat um Monat habe ich diesen Traum."
„Mehr konntest du ihn nicht fragen?"
„Zu mehr bin ich nicht gekommen, aber so wie es aussieht wird mich der Fährmann noch eine Weile begleiten."
„Abgefahren."
„Und du so? Was träumst du?"

„Ich träume nie. Immer alles schwarz.“

Die nächsten beiden Bier wurden geköpft, kurze Zeit später sprangen auch die Kronkorken von Bier Nummer fünf und sechs in die Luft. Es dauerte eine Weile, bis Ihre Freundschaft wieder auftaute, das Bier half. Bier hilft immer. Bier ist ein 13.000 Jahre alter Freund der Menschheit, der uns jetzt auch nicht im Stich lassen wird.
Gonzos Gerede über seinen Traum hilft nicht unbedingt, er fühlte sich schmutzig nachdem er von dem Traum erzählt hat. Als ob er ein Geheimnis verraten hätte.
Als es ausgetrunken war, waren sie fast wieder jung und machten sie sich auf zum „Burnout“.
Das „Burnout“ war eine kleine Bar, in der sie, als sie noch zur Schule gingen öfter anzutreffen waren. Hier tranken ein paar Stammalkoholiker und die ein oder andere Clique von Halbstarken. Gonzo war schon lange nicht mehr hier gewesen.

Er wohnte zwar immer noch hier, doch das Studium hatte dafür gesorgt, dass er langsam den Anschluss an seine alte Clique und nach und nach auch zu Igor verloren hatte. Igor wohnte wahrscheinlich immer noch kaum 20 Minuten Fahrt mit den öffentlichen Verkehrsmitteln von ihm entfernt und doch sahen sie sich höchstens noch einmal pro Jahr.
Selten genug um das wichtigste im Leben des Freundes zu verpassen, aber nicht selten genug um den Kontakt ganz zu verlieren. Die beiden tranken und redeten den ganzen Abend über und tauschten alte Geschichten aus, die man sich wie ein Ritual immer wieder und wieder erzählte, wenn man sich traf. Vielleicht entstand dieses Ritual auch, weil keine neuen alten Geschichten hinzugefügt wurden.

Gegen Mitternacht brachen die beiden auf. Sie schwankten zur Tür und hatten sich nichts mehr zu sagen. Jeder wusste wieder, wo der andere im Leben stand, alle alten Geschichten waren wiederholt worden.

Igor deutete auf ein paar Jugendliche die gerade im Begriff waren das Burnout zu betreten und rief Ihnen zu:
"Vergesst nicht, wer feiern kann, kann auch Party machen!"
Sein Atem roch nach Alkohol und seine Augen waren glasig.
"Du bist raus man." sagte Gonzo als er wieder ein Sargnagel anzündete.
"Ach jaaa? Du bist immer noch ein kleines Zahnrad."
"Wie meinst das?" fragte Gonzo verbittert.

"Zahnrad, Mann, wie in einer Maschine. Du bist ein kleines und kein Sand." Igor grinste, als ob er etwas symbolträchtiges gesagt hätte.
"Nicht witzig, nicht witzig Mann."
Gonzo krempelte, das linke Hosenbein seiner Jeans hoch zum Vorschein kam etwas Farbe auf der blassen Haut. Ein Tattoo.

Gonzo war in der Schulzeit von der Theorie begeistert gewesen, dass die Gesellschaft, der Staat, ja die ganze Welt wie eine Maschine aufgebaut ist. Jeder Mensch ist ein Zahnrad in dieser Weltenmaschine, an unterschiedlichen Stellen mit unterschiedlichen Hebelwirkungen. Du kennst 1000 Menschen, die wiederum 1000 Menschen kennen. Du bist Teil eines Netzwerks. Einer Weltenmaschine. Du kannst eine Million unmittelbar beeinflussen. Gonzo hatte immer davon geredet wie die Welt in einen besseren Ort verwandelt werden könnte. Hunger gestillt, Kranke geheilt, Korruption bekämpft, Frieden gestiftet, Hierarchie vernichtet.
Sie hatten oft darüber diskutiert, meist im Burnout, daher hatte Gonzo den Ruf eines idealistischen Stammtisch- Strategen. Er wusste viel, doch er bewegte nichts außer Biergläser zu seinem Mund. Abstraktes Wissen über Politik und Krieg, um Ereignisse, die er nicht zu beeinflussen vermochte.

Wissen das im Alltag unnütz ist und nur belastet. Ein Schlechtes Gewissen über das Leid der Welt, Mitgefühl bis zum letzten Erdenbürger ausgestreckt.
Gonzo nahm sich heraus zu behaupten, er wüsste wie man Leid verhindern könnte, doch schob er es im selben Atemzug auf die Unwichtigkeit seines Selbst, es nicht tun zu können. Er wusste in welche Richtung sich die wichtigen Zahnräder zu drehen hätten, war aber keins. Kulturelle Hegemonie für revolutionäres Bewusstsein aufbauen und dann den großen Umsturz einleiten. In kleinen Taschen der Gesellschaft anfangen und eine neue Stufe des Bewusstseins erreichen.
Er hatte die Personalnummer 256, wohnte in einem Haus mit 30 Apartments und mühte sich ab, eine Privatinsolvenz zu vermeiden. Er war genau genommen heute weiter davon entfernt ein wichtiges Zahnrad zu sein als er damals war. Kollektive Aktionen brauchen auch einen Kopf, ein Hauptzahnrad. Seine Jugend war vergangen, Potenzial hatte er

gehabt, doch widrige Umstände hatten ihn seinen Schranken verwiesen.

Igor schaute sich das Tattoo seines Freundes an, zu sehen waren ein paar Zahnräder, die in einander griffen. Darunter waren ein paar Worte geschrieben:
"Eine Prise Sand an der richtigen Stelle kann alles ändern."

"Wann hast du dir das denn machen lassen?" fragte Igor verwundert.
"Als du dich entschieden hast nach Afrika zu gehen." sagte Gonzo. Für seine Freunde wäre die Interpretation das Gonzo nicht aufgeben hat von einer anderen Welt zu träumen, für ihn stand das Tattoo für einen gescheiterten Lebensentwurf. Es war Fleisch gewordene Verbitterung. Überall wohin er ging fand er Sand in seinem Getriebe, wie kleine Splitter überall.

Das Tattoo stand dafür das er aufgeben hat und jeder nickte zustimmend, wenn er es sah ohne zu wissen, was es bedeutete.

"Warum schleppst du dich eigentlich noch ins Büro? Du hasst deinen Job." Igor ging nicht weiter auf das Tattoo ein.
"Was soll ich denn sonst machen, nach Afrika gehen?" Gonzo hatte nicht das Gefühl das nach so viel Alkohol noch etwas brauchbares gesagt werden könnte. Der Alkohol hatte ihren Verstand missbraucht, der Verstand lag geschändet auf der Toilette des Burnouts. Wand sich vor Schmerz, vergeblich versuchend, die grausigen Fleischerhaken der Realität abzuschütteln.

Igor hakte nach "Keine Ahnung Man, alles ist besser als das was du gerade machst und das weißt du genau."
Igor sah Gonzo scharf an:
"Warum bist du immer noch ein kleines Zahnrad?"

"Hör auf, das hilft nicht." Gonzo zündete sich schnell eine Zigarette an, die Situation war ihm unangenehm. Er wusste keine Antwort auf die Frage, er hatte so dermaßen keine Ahnung, warum er immer noch kein wichtiges Zahnrad war, dass er aufgehört hatte sich die Frage zu stellen.

"Weißt du Gonzo, ich habe dich immer bewundert. Es sah immer so aus, als ob das Leben für dich ein Spiel ist, ein Spiel dessen Regeln du kennst, ein Spiel das du nicht verlieren kannst. Ein Spiel über dem du drüber stehst. Ich dachte, du bist mit 30 Jahren ein Schriftsteller oder Politiker, Öko-Konzernchef oder Seifenvertreter. Irgendwas, was Fußspuren hinterlässt. Stattdessen redest du den ganzen Abend davon wie trostlos dein Job ist, wie satt du alles hast. Ich dachte du gründest mal eine Bank und machst die Reichen arm und die Armen reich, ach was weiß ich." Igor schaute fast erschrocken, als ob er sich über seine eigenen Worte wunderte. Alkohol macht ehrlich, dumm und primitiv. „Du weißt, was ich mein, Mann!“.“

Igor war der Ansicht, dass für Gonzo, alles ein Spiel sei. Das war es nicht, aber er hatte einmal die Ansicht gehabt, dass nur dein eigener Blickwinkel zählt. Alles andere steht nicht in deiner Macht, alles andere kannst du nicht ändern. Das einzige, was zu 100% unter deiner Kontrolle steht, ist dein Blickwinkel. Logotherapeutische Einsicht. Frankl und so. Diese Einstellung hatte damals alles scheinbar leicht aussehen lassen...
Gonzo konnte nicht vernünftig antworten, er wollte nicht vernünftig antworten:
"Punkt eins: Du bist betrunken. Punkt zwei: Wenn ich die Armen reich mach, sind sie die neuen Reichen und ich muss ihnen das Geld wieder wegnehmen und es den alten Reichen geben. Punkt drei: Ich bin noch keine 30."
Und werde es hoffentlich auch nie, fügte Gonzo in Gedanken hinzu. Sein Licht schien eine Weile hell und war dann irgendwann

durchgebrannt und erloschen. Nur schien das keiner außer ihm begreifen zu wollen. Niemand räumte ihm das Recht ein, aufgegeben zu dürfen.

"Ist ja auch egal, ich muss hier abbiegen Gonzo. Es hat mich gefreut dich wieder zu sehen, es ist mir egal was du machst solange du glücklich bist. Darum geht es mir, du siehst einfach nicht aus als wärst du es. Ich bin in 18 Monaten wieder in der Stadt, vielleicht willst du ja Urlaub in der Nähe machen. Mach es gut Mann!"
Gonzo hob die Hand zum Abschiedsgruß: "Mach es besser! Afrika hört sich fett an. Ich komm dich mal besuchen, das machen wir. Hau rein man!" Wo genau in Afrika stand immer noch nicht fest, trotz eines ganzen Abends heiteren Austausches.

Gonzo sah seinem Freund noch eine Weile nach, Igor drehte sich noch einmal um und rief „Madagaskar", bevor er weiter ging. Gonzo hatte genug davon, von Zahnrädern, vom Sand in seinem Getriebe, er war es leid. Ihm ging die Geduld aus. Statt in die Bahnlinie 34 einzusteigen, ging er zu Fuß weiter.

„Was stimmt nicht mit mir?“
„Was stimmt nicht mit mir?“
„Was stimmt nicht mit mir?“

Diese Frage hatte er sich so oft gestellt, dass sie an Bedeutung verloren hatte. Seine Geduld ging ihm aus, die Geduld auszuharren und auszuhalten. Genug ist genug. Er hatte immer gekämpft, sich alles hart erarbeitet und es war dennoch nicht genug.
"Alles was ich beeinflussen konnte, habe ich erfolgreich zu meinen Gunsten entschieden. Alles was nicht in meiner Kontrolle steht, warf mir einen Stein nach den anderen in den Weg. Ich pflastere damit keine Straße. Ich gehe zugrunde, ich schürfe meine Haut auf und ich quetsche mir die Finger, beim Wegräumen. Tag für Tag, Monat für Monat, Jahr für Jahr. Zigarette um Zigarette."

Gonzo war so in Gedanken versunken, dass er sich auf dem Weg nach Hause verlief. Es war viertel nach zwei, als er die Tür aufschloss. Er ging in sein Schlafzimmer und warf einen Stuhl um, er trat nach dem Stuhl und brüllte: "Warum nicht!"

Stille. Er hielt inne. Er wusste was passieren würde, wenn er so weitermachte. Er würde genügend Zeit haben, sein Apartment zu demolieren, ein freundlicher Nachbar würde die Polizei rufen. Einige Zeit später würden ihn ein Polizeibeamter und ein Sanitäter überreden, sich auf die Trage zu legen. Falls er nicht kooperierte, würde ein Polizist sein Bein packen. Ein anderer seinen Arm. Ein weiterer das andere Bein und so weiter. Ein freundlicher Sanitäter würde Ihm sagen das alles in Ordnung ist, während er eine Nadel in den Verschluss einer Ampulle mit der Aufschrift "Haloperidol" stach und die Spritze aufzog. Die Abgabe des Medikaments würde von einem Arzt, der den totalen

Überblick über die Situation hatte, telefonisch autorisiert.
Während die Chemikalie jeden Widerstand im Körper brach und ihm das letzte bisschen Elend, das er noch fühlen durfte nahm, ratterte irgendwo ein Drucker mit dem Standardformular "Amtlicher Unterbringungsbescheid".
"Zumindest bekäme ich so ein wenig Abwechslung in meinen Alltag, ein Tapetenwechsel hat noch niemand geschadet." Doch seine Dopamin- und Serotoninrezeptoren würden eine Weile lang brach liegen, ohne Stimulation. Ohne geordneten Gang. Verminderter Blinkwinkel, chemisch induziert. Ballerburg, Station 4, Zimmer 19. Psychiatrie war auch nur ein Ort, um unliebsame Menschen zu entsorgen, die sich der Macht der Gesellschaft entgegenstellten. Die es wagten, anders zu sein, anders zu denken und nicht in diesem eindimensionalen hyperrealen Spektakel mitzumachen. Dieser verdammte Totentanz,

der sich Gesellschaft nannte. Er hatte es so satt. Er wollte schwarzen Rauch speien.

Gonzo lächelte schief, er schüttelte den Kopf. Auf seinem Kleiderschrank war ein von Staub bedeckter Schuhkarton, er griff nach ihm und betrachte ihn von allen Seiten. Er atmete kräftig aus und wirbelte eine kleine Staubwolke auf. Er machte einen Schritt zurück und lies sich auf sein Bett sinken.
Eine Weile starte er gedankenlos auf den Schuhkarton, wie in Stase verharrte er, dann öffnete er den Deckel. Alles war noch da, ein Foto von seinem 11. Geburtstag, eine Flasche "Johnnie Gawker Odyssey", ein Abschiedsbrief und eine ungeöffnete 5-er Zigarrenkiste, Marke "Montechristo A".
Das war alles was sein Vater ihm hinterlassen hatte, eine Flasche Schnaps und ein paar Zigarren, beides auf einer Auktion versteigert, hätte wahrscheinlich zwei Monatsmieten eingebracht. Nein, Halt, Schulden, einen Berg Schulden hatte er auch geerbt. Er war so dumm gewesen, das Erbe

anzutreten und hatte nur Schulden übernommen. Seine Mutter war mit dem letzten Geld und ihrer Affäre abgehauen. Außerdem war da noch ein kleines Fläschchen mit Pipette, mit drei TotenKöpfen. Ein Derivat von 3-Chinuclidinylbenzilat, auch Benzilsäureester genannt das er im Studium hergestellt hat. Er nahm die Pipette und tropfte sich drei Tropfen auf die Zunge. Es war ein flüchtiger Stoff und der in die Jahre gekommen war, wahrscheinlich impotent. Das Benzilsäureester sollte ihm die Schmerzen nehmen, wenn er sprang. Es wurde im kalten Krieg entwickelt und an Soldaten getestet. Drei Tage Halluzinationen. Ein waffenfähiges Halluzinogen, wesentlich effizienter als LSD. Er brach das Siegel der Zigarrenkiste auf, eine Träne rollte über seine Wange. Er nahm eine der Zigarren, die wiederum in einer kleineren Holzkiste verpackt war heraus. Sein Vater meinte einmal, dass die "Montechristo A" die beste Zigarre sei, es gab natürlich teurere Zigarren doch dieser Preis entstand nur

durch Limitierung der Auflage, künstliche Marktverknappung wie man sagt, nicht aus der Qualität des Produktes selbst heraus. Man sollte ja nicht nur für den Namen zahlen, der getragen wird.
Er packte eine Packung Streichhölzer in die Hosentasche, während er den Abschiedsbrief auf sein ungemachtes Bett legte. Den Brief hatte er schon vor längerer Zeit vorbereitet, genauer gesagt im letzten Winter. Der Himmel war wolkenlos, nur der Mond schien, er hatte ihn auf der Bank in der Nähe des Wehrs geschrieben. Als er damals nach Hause kam waren seine Finger blau angelaufen. Schulden, die undankbare Arbeit, verflossene Liebe und eine harte Kindheit, falls Kindheiten in Industrienationen überhaupt hart sein können, hatten ihn nicht stärker werden lassen. Der beste Bogen bricht, wenn man ihn immer überspannt. Gebrochen, geschändet, vom Leben gefickt, von Gott gefistet.

Er verließ seine Wohnung und als er vor der Haustür stand, schaute er auf die Flasche in der einen und auf die Zigarre in der anderen Hand.
Er drehte sich nicht mehr um, wie sonst üblich, und ging in Richtung des Flusses. Es dauerte nicht lange bis er an der Ostend-Brücke angekommen war. Die Ostend-Brücke hatte zwei Etagen, auf der ersten Etage wurde der Straßenverkehr über die Brücke geleitet. Die zweite Etage war für eine geplante Bahnlinie gebaut wurden, die jedoch am Bürgerwiderstand scheiterte, man wollte kein Geld für eine neue Bahnlinie ausgeben solange Sanierungsbedarf bei den anderen Anlagen vorhanden war. Gäbe es keine Steueroasen, wäre Geld für beides da. Es gab eine kleine Leiter, welche die beiden Etagen miteinander verband. Gonzo hoffte, dass das Schloss, das ihn am Betreten der Leiter hindern sollte, immer noch kaputt war. Jugendliche oder Obdachlose hatten es Anfang dieses Jahres aufgebrochen. Gonzo war schon einmal in der zweiten Etage

gesessen. Dort hatte er seinen Abschiedsbrief geschrieben, damals hatte er nicht vorgehabt zu springen. Er wollte nur sichergehen das, wenn er seine Pläne eines Tages umsetzen würde, ihn keine lästigen Details stören würden. Ein Art Probe für den Ernstfall, oder doch nur impotentes Zögern?

Die Straße war leer, in einer Pfütze die vom Regen übriggeblieben war, spiegelte sich der Mond. Es hatte geregnet als er mit Igor in der Bar saß, die Wolken waren nun fast alle verschwunden und hatten das Licht des Mondes freigegeben. Während er die Leiter hinabstieg, glitt ihm beinahe die Flasche "Johnny Gawker Odyssey" aus der Gesäßtasche.

Wenn man mit dem Auto über die Brücke fuhr und Müll aus dem Fenster warf, war die Möglichkeit relativ groß das dieser nicht im Fluss, sondern in der zweiten Etage landete, da sie breiter als die erste Etage war. So verwunderte es ihn nicht, dass Plastiktüten,

Papiermüll und alte Flaschen herumlagen. Hier und dort sah er das das rostige Metall der Gitterstäbe wegen des Mülls gar nicht mehr. Nur ein paar Zentimeter Metall standen noch zwischen ihm und dem Fluss. Vor einem Pfeiler trat der den Müll zur Seite, es klirrte, eine Flasche zersprang und die Scherben fielen zwischen den Metallgittern hindurch in den Fluss. Das Wasser rauschte und das Wehr war nah genug, dass man das Rattern der Motoren, die vom Wasser angetrieben wurden, hören konnte.
Gonzo öffnete den Kork-Verschluss des "Johnny Gawker Odyssey" und trank einen Schluck. Er trank einen zweiten und klappte das Holz-Etui der "Montechristo A" auf.
"Das ist also meine Henkersmahlzeit. Kein Feuerwerk, kein Publikum, kein Bedauern."
Das Wasser rauschte.
Rauch kräuselte den Beton-Pfeiler hinauf.
Er spürte eine leichte Vibration im Boden, sie wurde rasch stärker wurde. Ein Motor jaulte. Das Wasser rauschte und floss vor sich hin, allein der Mond schaute ihm dabei zu.

"Ich habe doch Publikum."
Eine Stimme sagte "Guter Herr, tun sie es nicht."
Der Motor war verstummt, die Brücke vibrierte nicht mehr. Ein Fernfahrer war zu schnell und mit seinem überladen LKW über die Brücke gedonnert.
Wieder die Stimme: "Guter Herr, was würden sie mit 1.000.000€ machen? Was würden sie mit 100.000.000€ machen?"
Er nahm einen Zug von der Zigarre.
Eine zweite Stimme mischte sich ein: "Guter Herr, sind sie schon lange tot?“ Eine dritte Stimme kam dazu: „Doch erst als das Haus in dem er zur Miete wohnte, saniert wurde fand man seine Leiche. Niemand hatte je nach ihm gefragt. Es stand zehn Jahre leer."
Er trank erneut aus der Flasche.
Eine vierte Stimme ergriff das Wort: "Der Gute Herr, zahlt seine Schulden bei der Bank nicht. Pfändbares Material hat er auch kaum."
Er nahm einen Zug von der Zigarre und hustete diesmal.

"In der dritten Person über dich selber reden, kann nicht gesund sein." Hatte er gesprochen oder gedacht? Er war viel zu betrunken, sein Magen war leer und Dehydration raubte ihm das letzte bisschen Verstand, dass ihm der Alkohol gelassen hatte. 30% um genau zu sein.

Er trank wieder aus der Flasche.

Alle Stimmen im riefen Chor: "Du stehst jetzt auf, gehst zum Rand und tust es einfach. Spring!"

„Spring!“

„Spring!“

„Spriiinnng!“

Gonzo stand mühselig auf, er war zu betrunken.

Die vierte Stimme brüllte: "Du schuldest dir ein Ende, hier und jetzt."

Er ging mit unsicheren Schritten Richtung Rand.

Die zweite Stimme flüsterte: "Bring einmal etwas zu Ende."

Auf halben Weg blieb er stehen.

Die vierte befahl: "Nicht ablenken lassen."

Da war etwas in seinem Augenwinkel.
"Er drehte sich um 90 Grad und starrte an einen Pfeiler."
Da war ein Graffiti, es war neu. Es war nicht hier, als er das letzte Mal hier war.
Es zeigte einen Mann der sich nach vorne beugte, seine Arme waren nach hinten gestreckt damit er etwas tragen konnte.
Das Licht des Mondes war zu schwach um das Bild richtig zu erkennen.
Doch, er kannte dieses Bild, das war dieser Grieche. Wie hieß er noch. Atlas! Atlas, der die Welt auf seinem Rücken trägt.
"Das war aber keine Kugel die er trug, was trug der Mann in dem Graffiti auf dem Rücken?"
Er machte einen weiteren Schritt auf Graffiti zu, damit er es ganz erkennen konnte, dabei knickte er ein, griff ins Leere und fiel.

Seine Hände zitterten, nach dem er auf hartes Metall aufgeschlagen war, er sah Sterne und Atlas trug vier Ringe die in sich

verschlungenen waren. Dutzende Augen starrten ihn an.
Die erste Stimme merkte an: „Das ist Ophanim, nicht Atlas.“
Er begann zu würgen, er hatte zu viel getrunken. Er erbrach in den Fluss und schaute noch einmal in den Himmel.
Die erste Stimme fragte: „Letzte Worte?“
„Ich wäre gerne in Portugal geboren. Aber ich bin es nicht.“
“Ernsthaft?“, fragte die zweite Stimme nach.
die dritte Stimme ergänzte: „Ein bisschen mehr Theatralik.“
Gonzo murmelte: “Die einzige Handlung in der ich Sinn sehe, fordert moralische Erhabenheit und Entschlossenheit.“
Die vierte Stimme rief: „Ausreden!“
Dritte: “Du bist ein Pickel am Arsch der Gesellschaft. Deine ganze Identität ist das Produkt deines Umfelds. Du bist so individuell wie ein Baum im Wald. Du bist zu feige, es zu tun. Du bist zu feige, erhaben zu sein, geh sterben. Tu es endlich. Tu dir selbst

einen Gefallen, du bist doch schon lange tot."

Stille.

Ein Herzschlag. Ein zweiter, dritter und vierter. Die Stille wird von einem klatschen zerschnitten. Blaue Schwärze drückt sich in sein Gesichtsfeld. Es wird immer dunkler. Er macht den Mund auf um Luft zu holen, Wasser füllt seinen Mund, seine Lunge. Mach dich bereit für den Befreiungsschlag deiner Seele.
Mach dich frei.

Er träumt von einer Stadt, in der nur Boote fahren, keine Autos oder Züge. Es gibt keine Straßen nur Gräben mit Wasser. Beförderung von Waren per Wasserstraße ist am günstigen. Der Erfolg Europas im Mittelalter ist mitunter den vielen Wasserstraßen und Küsten geschuldet, die den frühen Handel und damit Wohlstand erst ermöglichten.

Er wollte mit einem Boot fahren, um sich die Stadt anzuschauen.
Der Kapitän akzeptierte aber nur Blut für Fahrkarten: "Aber ich bin der Bankier, mir gehört diese Stadt." schrie er und sprang auf das Boot. „Es ist meine Stadt.“ Er schlug den Kapitän mit einem Geldbündel.
Der Kapitän schüttelte den Kopf und sprach in einem erbarmungslosen, ruhigen Ton: "Nur Blut kein Papier, bringt sie hier weg. Wir sitzen hier alle im selben Boot. Der Fluss durchströmt still die Nacht. Mit dir oder ohne dich."
Er ließ den Kopf sinken und schaute in seine Aktentasche, ein Dokument "Bank Lizenz B", Monopoly-Spielgeld, ein Fläschchen mit Pipette und ein Flugticket. Er nahm ein Bündel Monopoly Geld und schrieb in großen Buchstaben "Blutschuld" drauf und hielt es dem Fährmann hin. Er kicherte und griff danach, seine Fingerkuppen hatten wiederum kleine Hände anstatt eines Nagels. Fünf Finger, mit je Fünf Fingern an der Spitze, mit wiederum Fünf Fingern. Er strich Gonzo

über die Wange, seine vielen kleinen Fingerchen kratzen wie Sandpapier über seine Haut, dann griff er nach der Blutschuldgeld. Seine Augen verdrehten sich, eierschalenweiß. Seine Mundwinkel waren mit Blut verkrustet, ein Schein glitt durch seine Fingerchen, in seinen Mund: "Ich kann es nicht essen."

Die Brücke wurde durchgeschüttelt als er aufwachte, wieder ein LKW der überladen war. Er hätte es vorgezogen von Vögeln aufgeweckt zu werden, doch der Stadtteil Ostend ist ein Industriegebiet mit Chemiepark. Vögel mögen keine Chemieparks. Der Fluss war wie immer leicht lila verfärbt, es roch unangenehm.
"Nicht mal zum Selbstmord taugst du. Du bist ja immer noch." sagte Gonzo laut vor sich her, während er sich eine Zigarette anzündete. Er starrt Richtung Ostend, zwischen den Rohren und Fabrikgebäuden verlor der Himmel langsam sein dunkles Rot. Je mehr Partikel durch Verschmutzung in die

Atmosphäre gelangen desto besser kann sich das Licht an ihnen brechen und schöne Sonnenaufgänge und Untergänge schenken. "Als ob er ausbluten würde." schoss Gonzo durch den Kopf. „Warum blute ich nicht aus?“ Er war desorientiert und der Alkohol war noch lange nicht abgebaut. Ein Gesprächsfetzen des letzten Abends huschte durch seinen Kopf:
"Du machst die Armen reich und Reichen arm."
Eine Stimme sagte: „Behandle dich selbst, wie jemanden für den du Verantwortung tragen würdest.“
Er schüttelte den Kopf.
Die gerade angezündete Zigarette fiel ihm gleich wieder aus dem Mund, als er bei Tageslicht das Graffiti sah:

Dir bleiben noch so viele Jahre,
wie Sandkörner zwischen zwei Finger passen.
Lass los, verstreue sie.
Verstreue sie,
an den richtigen Stellen.

Er las erneut und griff sich an die Wade, eine Träne rann ihm über sein Gesicht als er die beiden Sätze immer wieder las. Er krempelte die nasse Jeans hoch: "Eine Prise Sand an der richtigen Stelle, kann alles ändern."
Die Worte hallten nach und nach, wie ein Echo das nicht leiser werden wollte. Es war dieser eine Augenblick, in dem er sich fühlte, als ob er kein Leid kannte, er fühlte sich frei, er kannte nur Möglichkeiten, er kannte nur diesen Satz. Ein Psychiater nennt das hier wohl eine Postsuizidversuchs-Euphorie oder so ähnlich. Gonzo stand auf, schnippte seine Zigarette ins Wasser und kletterte die Leiter hoch. Er hatte einen besseren Plan, als hier zu Grunde zu gehen. Er wollte besser zu Grunde gehen.

Er trat auf die Straße. Ein Passant schaute ihn argwöhnisch an, kümmerte sich aber nicht weiter darum, dass er aus einem abgesperrten Bereich kam. Je schlechter du dich kleidest, desto weniger interessiert es

die Menschen wer du bist. Eine Art universelle Tarnung, die jeder respektierte. Gonzo lebte nach dieser Maxime und nach einer Nacht unter einer Brücke sah er noch schlechter aus als sonst. Eine Zigarettenlänge von der Brücke entfernt gab es einen Kiosk. Gonzo kaufte sich ein belegtes Brötchen und ein Bier, er wollte auf sich anstoßen. Es war wahrscheinlich kurz nach 8, genauer wusste er es nicht , sein Handy war in der Nacht wohl ins Wasser gefallen. Es funktionierte nicht mehr. Der Kiosk-Verkäufer schaute ihn mit einem Blick an der sagte "Junge, es ist zu früh für ein Bier und du siehst nicht aus als ob du eins brauchst."
Er starrte den Verkäufer einen kurzen Augenblick an.
„Kümmere dich um deinen Scheiß und gib mir das Bier."
Er sah sowie so scheiße aus, blass von den vielen Bürostunden, die ihm kaum Sonnenlicht verschafften und diese Nacht war nicht unbedingt das gewesen, was man

nach elf Monaten Arbeit ohne Urlaub als erholsam betrachten könnte.
Er kaute eifrig auf dem Brötchen herum, die Marinade machte das Fleisch halbwegs schmackhaft. Auf der gegenüberliegenden Straßenseite, öffneten und schlossen sich Ladentüren. Die Stadt war wach und wollte einkaufen, „durfte" arbeiten und sich ausbeuten lassen. Für ihn sah es aus, als ob Ameisen die Straße rauf und runter liefen, so beschäftigt und in ihrem Trott. Ein Bettler der am Straßenrand für einen traurigen Blick ein paar Münzen wollte, fand kaum Beachtung.
Gonzo hatte schon lange keine Tagträume mehr gehabt, doch er glitt in Gedanken ab:

Er sah sich selber vor einem der Läden sitzen, die Jeans zerrissen, einen Becher vor sich. Wundschorf, Schmutz und ein 23-Tage-Bart im Gesicht, sah er sich selbst dort sitzen. Den Blick nun starr auf seinen Becher gerichtet, betrachtete er seine knochigen Hände und zählte die Münzen. Etwas mehr als 5 Euro, genug für eine Flasche Wodka oder eine Nacht im Obdachlosenheim, mit etwas Glück war vielleicht beides möglich. Als er aus den Augenwinkeln seine Mutter sah, sie kam gerade aus der Parfümerie. Sie wirkte gealtert, doch die Schönheit, in die sich sein Vater verliebt hatte, stand Ihr immer noch ins Gesicht geschrieben. Sie lächelte warm als sie aus ihrer Einkaufstüte hinaufblickte, ihre Blicke trafen sich und verloren sich wieder. Sie ging vorüber und er verlor sie aus den Augen, als sie um die Ecke bog.

Gonzo lächelte und murmelte vor sich: "Wie vielen Menschen ist das tatsächlich passiert?" Licht kam in sein Leben mit dieser Frage zurück, an den letzten Jahre haftete so viel Monotonie, wie nach einer Führung durch eine Konservenfabrik (???). Selbst die Träume wiederholten sich.
Die Eintönigkeit verblasste, wie Fotos die zulange dem Sonnenlicht ausgesetzt waren, die Graustufen der Verbitterung fraßen sich

nicht mehr durch sein Leben. Aufgegebene Träume machten jeden arm an Gefühlen. Dem Tod nahe zu sein, heilte nicht von den Spuren der letzten Jahre. Doch es hatte seinen Blickwinkel verändert.
Logotherapeutisch und so. Er hatte den Glauben an eine alte Schnapsidee wiedergefunden. Er hatte das nach dem abtauchen oder beim Aufwachen unter der Brücke begriffen, doch erst jetzt fühlte er es. Er hatte einen Tragtraum gehabt, aus diesen Momenten baut man seine Träume zusammen. Diese Momente waren, zumindest für ihn, das was zwischen den Atemzügen, den Hunger auf einen weiteren ausmachte.
"Verdammt, ICH LEBE! Mein Blut pumpt, ich atme! Mein Herz schlägt stark! Ich bin am Leben."
entfuhr es ihm. Für einen Augenblick drehten sich Passanten nach ihm um. Hatte
er geschrien?
Er hatte sein Bier umgestoßen, der Flascheninhalt versickerte zwischen den

Kieselsteinen. Die Passanten gingen weiter, es sah so als ob er nicht weiter ausrastete. Nichts weiter zu sehen, also gehen wir lieber einkaufen.
"Es war nicht die glorreichste Idee, nach einem Vollsuff schon wieder an der Flasche zu hängen" dachte er während sein Magen rebellierte.
Er zerknüllte das Papier des belegten Brötchens, hob die Bierflasche auf und warf beides in den Mülleimer, der neben der Bank, auf der er gerade noch gesessen hatte, stand.

Gonzo stand unter Strom, "Ich lebe, Ich lebe, Ich lebe" hallte es immer wieder in seinen Gedanken nach.
Er sprang einmal in die Luft und begann zu rennen. Er rannte in Richtung seiner Wohnung. Er hatte eine Idee, einen Plan, es fehlten Details, doch das Bild war klar in seinem Kopf. Eine alte Idee in neuem Gewand. Zwei alte Ideen.

Er wusste, was zu tun war, er war bereit, alles zu tun was nötig war um dieses Bild aus einem Kopf Realität werden zu lassen. Ein einzelner Gedanke war aufgegangen zu einem Bild, einer Szene, die mehr und mehr greifbar wurde, mit jedem Schritt den er zurück legte.
Er schnappte nach Luft, als er seine Tür aufschloss. Er ging in sein Schlafzimmer, in der dritten Schublade des Sekretärs, waren ein Block und ein Stift. Er begann zu schreiben und hörte nicht mehr auf. Als die Sonne ihren Lauf genommen hatte und das Licht langsam verblasste, waren die Krämpfe in seinem Handgelenk nicht mehr auszuhalten.
Unzählige gekrakelte Seiten und eine leere Schachtel John Player Uncommon waren das Resultat. Er hatte alles, was er vor seinem inneren Auge gesehen hatte, aufgeschrieben und fühlte sich leer, fühlte sich erschöpft. Seine Mundwinkel schmerzten, er konnte nicht aufhören zu grinsen, als er Seite für Seite las. Sein Plan nahm Gestalt an und ihm

gefiel was er sah. Natürlich fehlten Details, aber ein guter Plan heute ist besser als ein perfekter für Morgen. Während seiner Recherche hatte er irgendwann Pizza bestellt, er war hungrig. Ein paar Scheine hatte er noch sie waren fast getrocknet. „War er ins Wasser gefallen? Wie kam her wieder hinaus? Hatte es geregnet? Er lag doch aber unter der Straße auf der Brücke?“ dachte er als er die Tür öffnete.
Er gab dem Pizzalieferjungen seine letzten Scheine, "Der Rest ist für dich.", die Tür fiel ins Schloss und er ging zurück in sein Schlafzimmer. Er hörte ein lautes Horn, einmal, zweimal, ein Güterzug kündigte sich an. Ein paar der Seiten aus seinem Notizbuch hatte er herausgerissen, sie hingen an der Wand und wurden von ein paar ausgedruckten Zeitungsartikel und Diagrammen aufgelockert. Im Schneidersitz nahm er sich der Pizza an, sie war nur noch lauwarm. Doch seine Aufmerksamkeit galt nicht der Qualität, des gelieferten Fastfood-Produktes, wahrscheinlich Aldi Pizza mit

extra Belag. Er starrte die Wand an, seine Wohnung begann zu vibrieren, er schlief ein. Die Nacht verging traumlos, nur die zuckersüße Bewusstlosigkeit, die er so schätzte kehrte ein. Als er aufwachte, sah er für einen Augenblick den Fährmann aus den Augenwinkeln. War es der Fährmann vom Ozean oder aus der Stadt? Er schüttelte den Kopf. Aber da war niemand.

Ein Stück Pizza lag im Karton, ein Fettauge starrte ihn an. Es war schon wieder ein Tag verstrichen oder war er wach geblieben? Der Dunkelheit nach zu urteilen, war die Sonne seit ein paar Stunden untergegangen. Die Wand war fast vollständig bedeckt, eine Wäscheleine hatte ausgeholfen. Man hat immer eine Wäscheleine für Notfälle. Artikel über Steueroasen, Leitzinskurven, Notar-Gebühren, Spekulation im Interbankenhandel, Banküberfälle, Trickbetrug sowie Hotelnamen und die örtliche Wasserversorgung schmückten sein Schlafzimmer.

Ein Bild zeichnete sich ab, der Plan ergab Sinn. Seit 8 Tagen und 17 Stunden war es möglich. Der Leitzinssatz der von ihm ausgewählten Zentralbanken erlaubten ihm, ein Schnellballsystem aufzubauen und abzukassieren. Oder war es nicht schlüssig, hatte er sich verrechnet? Zumindest im Idealfall würde es funktionieren, falls nicht hatte er einen zweiten Mechanismus mit weniger Hebelwirkung um Geld zu schöpfen. Steueroasen versprachen den Reichtum zu erhalten, er wollte ihn abschöpfen und wer würde ihn für den Raub von illegalem Vermögen verteufeln? Er würde die Inflation in Steueroasen hochjagen und die Geldmenge ausweiten, die Reichen besteuern und das abgeschöpfte Geld für revolutionären Kampf und kulturelle Hegemonie verwenden. Mit kleinen Schritten ins Utopia. Nicht ins Wasser vor dem Wehr. Er würde sich ins Finanzsystem einschleusen. "Ein neuer Robin Hood, nein das ich nicht lache. Ich raube nicht ein paar Banken aus, ich raube alle aus." Er schüttelte den Kopf. Er hatte sein Leben aufgegeben, einen Versuch wollte er noch starten. Nicht zu seinem Wohl, er wollte etwas Selbstloses tun. So wie Igor. Was hatte er zu verlieren? Ihm bedeutete sein Leben nichts mehr, es wäre dumm es einfach wegzuwerfen, ohne etwas Verrücktes zu tun. Jeder Fortschritt ist abhängig von den Verrückten. Die Logozentristen passen sich der Welt an. Sie nutzen ihren Verstand und schneiden aus ihrem Menschsein, aus ihrer Würde, ein Stückchen eindimensionale Menschenkarikatur heraus. Doch die Verrückten, nehmen die Welt nicht hin. Die passen sie nicht an, sie bereiten den Fortschritt für das Menschengeschlecht.

Es wäre dumm das Potenzial, sich jeglicher Konsequenzen durch den Freitod zu entziehen, einfach zu verschenken. Sein Willen zum Wahnsinn wuchs an diesem Tag um 20 cm. Er war "Phyllostachys edulis" wie der Akademiker sagen würde! Bambus wie der Pöbel zu sagen pflegt. 12 Zentimeter in vier Jahren, 20 cm heute, 20 cm morgen, 20 cm übermorgen. Es war Zeit zu wachsen. Mein Licht wird nicht lange brennen, aber dafür hell und grell, dass es jeder sieht. Jeden wird es stechen in den Augen, mein grelles, helles Licht. Ich mache Euch blind damit ihr sehen könnt. Wie in meinen Träumen. Gonzo stand auf, es war 2:18 Uhr, öffnete ein Fenster, er schaute in die Dunkelheit und kniff die Augen zusammen. Alles was zwischen ihm und seinem Plan stand war ein Mangel an Startkapital. Alles was er brauchte waren ein paar Scheine die er verbrennen konnte. Um die Nacht zu vertreiben, damit alle sahen, was er sah. Die Endlösung des Finanzkapitals, der Gier, dir Unterdrückung. Die Schwerkraft kämpfte gegen ihn, er war müde, schrecklich müde. Er stieg in sein Bett und sank in tiefen Schlaf.

Er lief die Straße hinunter, grau prangten die Gebäude des Gefängnisses. Der Zaun war fünf Meter hoch, gekrönt von Stacheldraht. Er war nicht allein, Kevin schlenderte mit ihm

die Straße hinunter. Er war wieder 16 Jahre alt, wie viele Jahre ist das her, dass er diesem Prozess als Zeuge beiwohnte? Kevin sah ihn ernst an: „Du hast wirklich nichts dabei? Wir werden komplett gefilzt, wenn wir da rein gehen." Gonzo war genervt: „Ich habe nichts dabei, ich bin verrückt aber nicht dumm. Ich habe keine Angst vor Gefahr, begebe mich aber nicht unnötig in sie."
„Ja du hast Leicht reden und was war letzten Samstag?" raunte Kevin zurück.

„Sind deine Leute schon drin?" lenkte Gonzo ein. Er hatte seinen Ruf weg, das war klar. Den hatte er nicht umsonst.

„Weiß nicht, Atila meinte, er wolle wohl vor dem Eingang auf uns warten, wir sind aber auch schon spät dran." antwortete Kevin.

„Ja tut mir leid, ich hatte noch Arbeit zu erledigen." sagte Gonzo in einem leicht ironischen Ton.

„Bong rauchen ist keine Arbeit." raunte Kevin.

„Ruhig jetzt, wir sind fast, da." Zischte Gonzo zurück.

Am Besuchereingang, standen zwei Wachen in Montur. Die Verhandlung war wohl doch größer. Sonst sähen die Wachen am Eingang nicht so martialisch aus.

„Guten Tag, wir wollen zu dem Prozess in der Haupthalle."

Wortlos deutete der Polizist, zu einer kleinen Tür seitlich neben dem Haupteingang offenstand. Rechts an der Seite stand ein Ascher, Kevin drückte seine Zigarette aus. Die Sonne draußen war grell gewesen, Kurzblindheit stelle sich ein, als die beiden eintraten. Das ganze Gebäude strotzte so vor Kraft. Beton gegossen in mehr Beton, brutalistische große Flächen. Grau in Grau. Der Hochsicherheitstrakt wurde in den 70ger Jahren gebaut, zur Hochzeit des RAF-Terrors. Jede Faser des Körpers wehrte sich gegen die Schändung der Natur aus grauem Beton die hier errichtet wurde.

„Viel reden die hier nicht?“ sagte Gonzo zu Kevin, als ihm ein Beamter eine Plastikbox rüberschob und mit dem Finger erst auf ihn dann auf die Box deutete.

„Nein tun sie nicht.“ Gab Kevin zurück und beide fingen an ihre Taschen in die Plastikbox zu entleeren. Zigaretten, Feuerzeug, Geldbeutel. Kein Geräusch als sie durch das graue Rechteck liefen. An einem guten Tag, hätten die Beamte sie durchgewunken. Dies war aber kein guter Tag. Deswegen wurden die beiden nochmal persönlich durchsucht. Repression, unnötige Repression wie Gonzo fand. Verhandelt wurde eine Terrorzelle, die in Verbindung mit der örtlichen Antifa stand. Die Gruppe hatte versucht russische Sturmgewehre nach Deutschland zu schmuggeln. Auf dem Schirm der Sicherheitsbehörden war die Gruppe gekommen, weil sie gemeinsam nach Kurdistan gereist waren und in einem Camp eine Ausbildung abserviert hatten. Der Schmuggel von Kalaschnikows fällt unter das Kriegswaffengesetz, darauf allein stand schon genug Strafe. Die Vorbereitung einer schweren staatsgefährdenden Straftat lag in der Luft. Der Hauptbelastungszeuge, war unzuverlässig. Er litt an Psychosen und wurde in der forensischen Psychiatrie behandelt. Kevin und Gonzo waren Teil der lokalen Antifa und aus Solidarität mit den Beschuldigten vor Ort . Die Polizisten waren mit dem Durchsuchen fertig. Gonzo und Kevin liefen den Gang hinunter. Er war zu breit, und zu grau. Als ob der Architekt versucht hätte ein Gefühl von Winzigkeit in das Bewusstsein zu pflanzen, wenn man diese Hallen Durchschritt. Foucault hatte Recht: Macht durchdringt alles und ist überall zu finden, der Staat will dich beugen und bestrafen. Das fängt schon an, wenn du nur den Gang zum Gerichtssaal entlang schreitest. Sie traten in den Gerichtssaal ein.

Gonzo flüsterte Kevin zu: „Hier haben die Stammheim-Schauprozesse der Baader Meinhof Clique stattgefunden.“ Ein Beamter hatte die Bemerkung von Gonzo wohl gehört und warf ihm einen scharfen Blick zu. Der Saal war groß, die Decke bestimmt vier Meter hoch. Grau und grau und grau. Umschlungen vom Beton der Wände. Über dem Richter prangte eine große Uhr. Gonzo kniff die Augen zu er konnte nicht erkennen, wie spät es war. Die Ziffernblätter waberten und flossen dann langsam an der Wand hinunter. Gonzo sah Kevin an, der hatte sich bereits hingesetzt. Gonzo stand noch in der Mitte des Ganges der zum Richter führte. Hastig nahm Gonzo neben Kevin Platz. Gonzo schaute zur Anklagebank. Er sah sich selber dort sitzen. Er sah sich selbst in die Augen. Er schaute erschrocken nach rechts, doch Kevin war nicht da. Ein Journalist saß neben ihn mit einem Laptop auf dem Schoß. Es klackerte. Links neben ihm saß auch ein Journalist.

Seine Erinnerung war falsch, damals war der Prozess nicht gut besucht gewesen. Es waren massig Sitzplätze im Großen Saal vorhanden gewesen. Gonzo schaut wieder nach vorne und beobachtet sich selber. Auf einer großen Wandtafel, hinter ihm selbst war eine Karte von Baden-Württemberg. Um die Bodenseeregion waren viele Regionen rot eingefärbt. Was war das für ein Prozess?

„Herr Herrhausen, ehe ich die Anklage vorlese, will ich feststellen das die Nachwirkungen der Wasserversorgungsvergiftung noch nicht abschließend aufgearbeitet worden ist. Ihnen wird zur Last gelegt große Teile der Bevölkerung mit einem Derivat von Benzilsäureester vergiftet zu haben. Daher wird es noch weiteren Prozess geben. Wir stellen hier nur ihre Grundschuld fest. “

Gonzo entfuhr ein „Was zur Hölle?“. Ein paar der Journalisten drehten sich zu ihm um. Er sprang auf, zog eine Waffe und schoss auf sich selber. Er brach auf der Anklagebank zusammen. „Die Waffe runter." Die Journalisten die dem Prozess beiwohnten, sprangen über die Stühle und er stand alleine da. Stühle fielen zu Boden. Sein Arm war immer noch ausgestreckt. Es knallte. Einmal, zweimal. Ein drittes und ein viertes Mal. Nun ging auch er zu Boden. Gonzo lag da, er schaute zur Uhr hinauf die über den Richter prangte. Sie war weg. Da waren wieder die 4 Ringe, die ineinander verschlungen waren. Sie drehten sich und seine Augen blinzelten.

Gonzo wurde aus dem Schlaf gerüttelt. Züge. Atemzüge. Fernzüge. Zeit für den ersten Schachzug, die alte Welt gegen ihn. Es war Zeit für seinen Feldzug, er brauchte ein Bauernopfer. Zug, Zug, Zug, er bekam das Wort nicht aus seinem Kopf. Es hallte nach, er schweifte ab, er blieb nicht richtig bei der Sache. Er hielt Ausschau nach seiner Schachtel John Player General. Ich an Stalins Stelle hätte das Utopia herbeigeführt. Ich bin

gut und rein, mit der heiligen Pflicht eine klassenlose Gesellschaft zu erschaffen. Finanzkapital zerschlagen, kulturelle Hegemonie und dann Utopia.
Er öffnete die Schachtel und leckte sich über die Lippen, Frühstück im Bett. Er zündete die Zigarette an und nahm einen tiefen Zug. Einen zweiten, dann stand er auf. Die Gedanken waren wieder klarer. Mit Vernunft betrachtet wohl unklarer, doch Vernunft liegt in der Sichtweise des Betrachters. Der Plan stand, das Startkapital stand aus.
Gonzos Bein zuckte, es verkrampfte. Alkohol und Fastfood helfen einem nicht unbedingt, die benötigten Spurenelemente für einen gesunden Körper bereitzustellen.

Als der Krampf vorüber war ging er in die Küche und schaltete seine Kaffeemaschine ein. Er kramte in seinem Küchenschrank, er fand was er suchte. Er füllte ein Glas mit Wasser und ließ eine Calcium-Brause-Tablette ins Wasser fallen.

Er war diese Tablette, er war dabei ein Sturm im Wasserglas zu verursachen. Ob es ihm gelang, die Welt auf die Größe eines Wasserglases zu reduzieren, würde sich zeigen. Man kennt ja schließlich auch jeden Menschen über sechseinhalb Ecken. So groß kann die Welt dann auch nicht sein.
Es gab nur einen Weg, das Startkapital zu besorgen, er musste eine Bank ausrauben. Wer würde ihm einen Kredit geben, wenn er als Zweck angab: Ich brauch e Startkapital für Finanzbetrug und Bilanzfälschung. Um Geld für eine Revolution bereit zu stellen. Man würde ihm eher eine Schnabeltasse reichen und die Dosis erhöhen.

Vielleicht hätte er Glück gehabt und ein deprimierter Bankangestellter, der bereits innerlich gekündigt hatte und den es nicht mehr interessierte, würde seinen Antrag bearbeiten. Nein, das war nur ein amüsanter Gedanke. Seinen Arbeitgeber bestehlen, wäre auch eine Möglichkeit doch damit wäre, schneller als ihm recht war, ein

Haftbefehl gegen ihn erlassen. Seine Arbeitgeber sicherten die Finanzen gut, zu gut. Gonzo verbrachte den Rest des Sonntags, damit Kaffee zu trinken und seine Möbel abzubauen.
Er packte eine Reisetasche, der Rest seines Besitzes wurde in die Umzugskartons gepackt, die noch von seinem Einzug im Keller standen. Eine Kiste füllte er mit persönlichen Gegenständen, der Plan war sie in den Fluss zu werfen.
Möbel und Kleider sollten an das rote Kreuz gehen, ihm fehlte Startkapital doch seinen Besitz zu verkaufen, würde zu viel Zeit in Anspruch nehmen und bald würde er Geld genug haben.
Er zahlte für manches Möbelstück immer noch die Raten ab und nächste Woche konnten mittellose Personen sein Hab und Gut kostenlos mitnehmen.
Während er seine Habseligkeiten in Kisten verstaute, dachte er über eine Bank nach die seinen Anforderungen entsprach. Die meisten Banken verfügen über ein

Zeitschloss, das den Tresor nur zu bestimmten Zeiten zugänglich machte.

Die Wahrscheinlichkeit, tatsächlich an Geld aus dem Tresor zu kommen, war bei klassischem Bankraub fast ausgeschlossen. In der Regel lag ein Betrag von 2.000 bis 10.000 € am Schalter zu Barauszahlung, je nachdem wie stark frequentiert die Bank war, wie viele Aus- und Einzahlungen getätigt wurden, schwankte die potenzielle Beute in diesem Rahmen. Desto mehr Beute, desto mehr frequentiert war die Bank, desto mehr Zeugen gab es.

Das wäre zwar noch ein gutes Stück entfernt von dem, was er brauchte um alle Konten einzurichten und Gesellschaften zu gründen die für sein Schneeballsystem nötig waren, doch für ein paar Trickbetrügereien wäre es genug. Er würde eine Bank gründen und günstiges Kapital bei der Zentralbank einwerben und damit eine Revolution finanzieren. Zivilgesellschaftliche Gruppen gab es genügend die finanziert werden könnten. Um 1800 gab es noch keine 100 NGOs, heutzutage über 5000. Einige von diesen beherbergten revolutionäre Avantgardisten die nur auf einen Scheck warten. Nur ein paar Stellschrauben verändern und das Utopia lauerte hinter der Neukonfiguration der Weltenmaschine.

Es wäre genug, um den ersten Stein ins Rollen zu bringen, es wäre genug um eine Lawine zu verursachen die durch alle großen Finanzplätze rollt. Wenn das Revolutionskapital aus Steueroasen fließt bleibt dem Staat nichts anders übrig als diese trockenzulegen oder überrannt zu werden.

Er musste handeln, die Zeit glitt ihm durch die Finger, die momentane Konstellation des Zinsverhältnisses würde nicht von Dauer sein. Ein Fehler im System, den man nicht häufig sah. Wie ein Komet, der nur alle paar Jahre zu sehen ist. Er musste handeln, bevor sich dieses Fenster schloss.

Er wachte mit dem Rücken an seinen Backofen gelehnt am Montag auf,
seine Wohnung vibrierte, er war vor Erschöpfung eingeschlafen als einen Kaffee trank. Die Tasse, stand noch halbvoll vor ihm. Neben der Tasse lag seine Küchenuhr, er hatte die Batterien herausgenommen um sie zu verpacken, der große Zeiger zeigte auf 4 Uhr, der kleine Zeiger stand auf der 19. Unter der Spüle bildete sich eine Wasserpfütze, die Klempner waren wohl eine Weile nicht da gewesen. Er stellte das Wasser ab.
Am Stadtrand hinter dem Chemiepark gab es einen kleinen Ortsteil der langsam verkam. Es gab ein Kiosk, einen kleinen Supermarkt, zwei Bushaltestellen und eine Bank. Wenn ihn nicht alles täuschte, war das
die einzige Bank in Nähe, deren Barschalter keine Glaswand hatte. Das gab einem unerfahrenen Bankräuber zumindest einen psychologischen Vorteil. Für Neujahrsfeiern hatte er eine Schreckschuss-Pistole, wenn er sich nicht allzu dämlich anstellen würde,

würde man ihm sie für echt abkaufen, wenn er das Bargeld verlangte.

"MOSO WILL All DEIN GELD, PACK ES IN DIESE TÜTE" ja genau das würde er brüllen. „Gonzo mag den Spitzname Moso mehr, als den alten.“ Das würde er für sich behalten. "Moso will die Welt retten" das würden sie erst später erfahren. Moso sollten sie ihn nennen, wenn sie ihre Geschichten über ihn schreiben.

Ein Laster fuhr vor, alles was er besaß passte auf eine Ladefläche. Es sah plötzlich nach so wenig aus. Er plante den Bankraub während er den Möbelpackern beim Einräumen half, er wollte sie schnell wieder loswerden. "Moso rettet die Welt, er zündet dafür gerne Geld an."

Öffnungszeiten: 9-17 von Montag bis Freitag, außer Mittwochnachmittag, Mittwochnachmittag ist geschlossen.

"Moso hat beschlossen, er nimmt sich was er braucht, Moso wird das Richtige tun, mach dir keine Sorgen."
Ski-Mütze und Sporttasche, ein Markenprodukt mit einem Löwen oder einem Puma? Niemand wird es wiedererkennen, es ist so individuell wie ein Baum im Wald. Elendiger Warenfetischismus.
"Moso ist ein guter Mensch, bereit alles zu tun um dich zu zwingen, auch ein guter Mensch zu sein. Der Drang, die Pflicht ins Licht zu gehen ruft."
Der Fluchtweg verläuft durch den Wald. Der Chemiepark kann nicht allzu schädlich sein, die Bäume im Wald leben hier noch. Oder sterben sie nur langsam? Er ging zu Fuß, es dauerte fast eine Stunde bis er dort war. Als er seinen Fuß auf die Schwelle der Eingangstür zur Bank setzte, brüllte er:

"MOSO WILL All DEIN GELD, PACK ES IN DIESE TÜTE!" um dem Satz Nachdruck zu verleihen, lud er die Waffe durch. Der

Schlitten wurde nach hinten gezogen und eine Patrone wurde in den Lauf befördert. Als es klackte, wusste jeder dass es bitterer Ernst war.
Die Iris der Bankangestellten weitete sich, Adrenalin wurde in einer massiven Dosis aus dem Nebennierenmark in das Blut abgegeben, ihre Atmung wurde tiefer. In Moso ging das gleiche vor. Der Bankangestellte, ging zum Tresor und nahm einen extra für diese Fällte bereitgelegten Umschlag aus einem Fach. Sie überreichte ihn Moso, ein schneller Blick fiel hinein, 1000€ mehr nicht?
"MOSO WILL All DEIN GELD, PACK ES IN DIESE TÜTE"
Gedanken schossen ihm durch den Kopf: Durchnummerierte
Scheine. Zurückverfolgbar mit RFID-Chip. Farbpatrone. 21 Minuten Flucht bis zur Festnahme. 3 Jahre Haftstrafe. Bei guter Führung Entlassung nach einem Jahr und Umwandlung der Haftstrafe in eine Bewährungsstrafe. Ein bleibendes Trauma

für die Bankangestellte. Das war nicht der Anfang eines großen Plans gewesen. Das war ein Schuss in den Wind, dachte Moso.

Die Kunden und Mitarbeiter, der Bank waren alle mit einem Schrecken davongekommen. Sie sahen einen maskierten Man auf der Türschwelle stand, er hatte es sich noch einmal anders überlegt. Er war auf der Schwelle gestanden und hatte sich im letzten Augenblick umgedreht und war geflüchtet. Er hatte nur gegen das Vermummungsverbot verstoßen, die Zuwiderhandlung wird gemäß § 27 Abs. 2 bzw. § § 29 Abs. 2 mit Freiheitsstrafe bis zu einem Jahr oder mit Geldstrafe unter Strafe gestellt. In der Regel trifft Freiheitsstrafe aber nur auf Wiederholungstäter zu. Er war so schwach. Doch sie sollten sich vor dem hüten, zu dem schwache Männer in der Lage waren.

Seine Flucht war erfolgreich. Ein paar Kilometer von der Bank entfernt setzt er sich auf eine Park-Bank. Er hatte wieder

gekniffen, er taugte nicht zum Selbstmord, zum Bankraub scheinbar auch nicht.
Mit gesenkten Schultern und einer Zigarette im Mund brach er in Richtung seiner leergeräumten Wohnung auf. Sein Herz raste, der hohe Blutdruck ließ seine Haut kribbeln. Tausende Ameisen krochen über seine Stirn, seinen Schädel, in den Nacken und verloren sich auf seinen Schultern. Er schnippte eine Ameise von seiner Zigarette und der Boden vibrierte.
"Ich bin kein Räuber. Ich bin kein Robin Hood, ich raube keine Bank aus. Ich raube alle Banken aus". Diesen Satz sprach Moso nun mittlerweile zum hundertsten Mal in Gedanken vor sich hin. Seine Wohnungstür fiel ins Schloss.
Gonzo hatte einen Nervenzusammenbruch mit anschließendem Suizidversuch. Gonzo? Moso? Wer bin ich? In einer Kurzschlussreaktion verschenkte er alles was er besaß und auch ein versuchter Bankraub, sprach nicht für geistige Gesundheit oder die angemessen Schritte die nach suizidalem

Verhalten auf der Tagesordnung standen. Fnord.
Doch Moso hatte einen Plan. Gonzo hatte nur Ausreden. Moso hatte auch einen Plan B für die Beschaffung des Startkapitals. Moso kicherte, sein Plan B war von Anfang einfacher, effektiver und aussichtsreicher gewesen. Auch wenn er einen Haftbefehl nach sich ziehen würde, neue Papiere notwendig werden ließ. Der unregelmäßige Schlaf hatte ihm nicht gutgetan, er hatte Zeit verschwendet bei dem Versuch, einen zweitklassigen Plan auszuführen. Gonzo dachte an Lenin, wie er im Exil in Wien um Einfluss kämpfte und im Sumpf der Bedeutungslosigkeit versank. Moso ermahnte ihn, er solle sich nicht mit anderen vergleichen, sondern nur mit dem der er gestern war. Gonzo, war gestern, Moso war heute und er hatte einen präzise ausformulierten Plan. Den würde er zielstrebig verfolgen egal was kommen würde. Ab hier nur noch Tunnelblick für die Revolution.

Die Startmelodie seines Laptops zog ihn zurück, aus seiner Gedankenwelt, in die Realität. Er öffnete drei Tabs: Bank of Guernsey, Bank of Jersey, Bank of Isle of Man und noch einen vierten nur um sicher zu gehen. Er fühlte Formulare aus, das lag ihm eher, alsden Abzug einer Waffe zu halten, mit Formularen kannte er sich aus.
Er eröffnete ein paar Konten in Ländern, die das Bankgeheimnis noch respektierten. Bis die Konten vollständig eingerichtet waren, vergingen in der Regel 24 bis 48 Stunden. Als nächstes buchte er einen Flug nach Guernsey, Mittwoch 19:30. Er würde an diesem Tag in seinem Büro Überstunden machen. Das Kontokorrent seines Arbeitgebers hatte einen großen Spielraum. Die Buchhaltung war seit vier Wochen unterbesetzt, Ferienzeiten für Schulkinder kamen ihm entgegen. Wenn er nicht zur Arbeit erscheinen würde, dürften drei Tage vergehen bis es auffiel, vielleicht auch vier. Der Kontoauszug würde zum

wichtigsten Corpus delicti werden, wie der Rechtsverdreher sagen würde. Bis der Haftbefehl für die Untersuchungshaft raus war, hatte er sich bereits aus dem Staub gemacht, das Geld durch ein paar Steueroasen fließen lassen und ein paar der Konten schon wieder geschlossen.
"Was in aller Welt war in dich gefahren, dass du eine Bank wie ein Amateur ausrauben wolltest? Amateure rauben sie aus, Profis gründen sie." Moso, Moso du musst dich erst noch umgewöhnen. Es sind 20 Zentimeter keine vier die du nun wächst. Wie der Bambuswächst die Revolution in Tagesschritten.

Als Gonzo am Dienstag zur Arbeit ging, freute er sich, niemand in der Firma schien sich dafür zu interessieren wo er am Montag gewesen war.
War seine Abwesenheit überhaupt aufgefallen? Wäre er Freitagnacht zwischen den Walzen zerquetscht worden, wie lange

hätte es wohl gedauert bis man sein Verschwinden bemerkte hätte?
Moso gab zu verstehen, dass das Universum auf Gonzos Seite stand: "Der Zins steht günstig, dein Büro ist unterbesetzt und du bist endlich frei, alles zu tun was du möchtest." Du verlässt am Mittwoch das Büro und Gonzo kann sich von der Walze auffressen lassen, Moso übernimmt ab hier. Moso verfolgt, was bedeutsam ist. Moso nimmt diese Welt nicht hin, wie sie ist. Moso überwindet sie!
Der Tag verstrich, Arbeit war immer da, genug sich nicht zu langweilen. Er hasste Langweiler. Wer sich über Langweile am Arbeitsplatz beschwert kann auch Hartz 4 beantragen und seinen Platz für jemanden frei machen der arbeiten möchte. Moso half den Hass auf andere zu richten, Gonzo war schwach, er traute es sich nicht zu hassen. Moso war stark. Moso badete im Ressentiment und wurde stark davon.
Gonzo verzweifelte lieber, er zog es vor lieber im Geheimen zu denken, aber nicht

dem Kollegen Wisbadrer vorzuhalten: "Du bist eine Made die sich vom Fleisch dieser wunderbaren Gesellschaft ernährt." Wisbadrer lächelte schief, er hielt es wohl für einen Witz: "Wir sind doch beide Maden die wie im Speck leben, oder?"

Du vielleicht dachte Moso, du wurdest befördert für meine Arbeit. Ich sollte dir Gonzos Schreckschusspistole an den Kopf halten, um dich mal richtig zu erschrecken. Dir würde das dumme, dreckige Grinsen vergehen:
"Ach Herr Wisbadrer, ich werde sie vermissen, ohne ihre Hilfe kann ich doch am Sakura Projekt gar nicht weiterarbeiten." Ohne mich hätte Sakura nie eingewilligt mit ihnen zusammenzuarbeiten. Er war es der damals in dem Meeting aufgestanden war. Sakura war am Gehen, er war es der ihn aufgehalten hatte. Er war es der ein Geschäft das ihnen durch die Lappen gegangen war, doch noch zum Vertragsabschluss gebracht hatte. Herr Wisbadrer hatte ihm nur mit der

Entlassung gedroht, falls er es wagen würde während den Verhandlungen auch nur den Mund aufzumachen.

"Ja Herr Herrhausen, eines Tages machen wir einen Diamanten aus ihnen. Doch bis dahin bleiben sie ein Stück Heizkohle das den Laden warmhält. Bevor ich es vergesse, können sie den Granke-Fall abschließen, ich verreise morgen vor Sonnenaufgang und muss noch packen. Deswegen wollte ich heute etwas früher gehen."

Ja Wisbadrer, sie sind ja so inspirierend, gerne übernehme ich ihre Arbeit. Ich hoffe sie sind mir nicht böse, wenn ich nur 10 Minuten brauche um die Akte zu schließen und nicht einen Tag wie sie. Es war immer wieder beeindruckend mit wie wenig Arbeit, „Kollegen“ davonkommen. Schmarotzer, allesamt Schmarotzer, sagte Moso in Gedanken.

"Aber klar doch, ich wünsche Ihnen einen erholsamen Urlaub". Er musste sich zusammenreißen, mit seinen dummen Kommentaren konnte er seinen ganzen Plan

gefährden. Doch es tat so gut, nicht zu lügen und einfach die Wahrheit zu sagen.
Die letzten Fetzen Alltag wurden von der Uhr zerrissen, ehe er sich versah war es Mittwoch. Ehe er sich versah, war er allein im Büro. Überstunden leisten, die eh nie ausbezahlt wurden, kam ihm nun entgegen. Das einzige, was die Stille im Büro störte war der ein oder andere Zug, der alles durchschüttelte und da war eine Pfütze Wasser die unter dem Türspalt der Büromaterialkammer hervortrat. Miete einsparen, neben den Gleisen bauen aber mit einem Porsche zur Arbeit fahren, CEOs haben eine merkwürdige Logik. Züge bei der Arbeit, Züge im Privaten. Immer diese Züge.
Er öffnete das Onlinebanking-Interface, er überprüfte die Metadaten 3-mal. Ein viertes Mal um sicher zu gehen, 2.300.000, - € wurden autorisiert das Geschäftskonto zu verlassen.
Mit etwas Glück hatte die Geschäftsleitung derart versucht Versicherungsgebühren einzusparen, dass niemand für den Schaden

aufkam. Mit etwas Glück hatte er diese Firma ruiniert, mit etwas Glück würde er noch unzählige weitere Firmen ruinieren. Firmen, die ihre Finger in Steueroasen, ausstrecken würden sich schon bald alle die Finger verbrennen.

Vielleicht schaltete sein Arbeitgeber die Staatsanwaltschaft gar nicht ein, zu groß war die Gefahr, dass ein Schnüffler den falschen Ordner aus dem Regal zog. Wenn ein paar Tage später der Kontoauszug mit seiner privaten Umbuchung von Abteilungsleiter zu Abteilungsleiter weiter gereicht wurde und schließlich im Büro des CEOs ankam, wussten zwar alle Bescheid, was er getan hatte. Doch jeder der sich der Materie auskannte wusste eben, dass das begünstigte Konto in einem Land lag in dem Bankgeheimnis noch etwas bedeutete. Flucht des Kapitals ins Private würde es bald nicht mehr geben.

Sein ganzer Plan war aus einer Laune heraus entstanden, er kannte die Verhältnisse an den Schattenfinanzplätzen aus dem Arbeitsalltag. Er hatte sich immer

geschworen, sie nie für seine Zwecke zu verwenden, doch es war nicht sein Zweck. Es war der Zweck aller! Er handelte selbstlos. "Ich tue das richtige." murmelte er vor sich hin, er hatte zweieinhalb Stunden Zeit sich an Terminal 14 B einzufinden.
Er lächelte, das Büro vibrierte.

Abgesehen von seiner Reisetasche, stand die Wohnung leer. Seine Schritte hallten, er ging den Flur entlang in sein Schlafzimmer. Seine Finger glitten über die Tapete, seine Fingerspitzen blieben hin und wieder an besonders rauen Stellen hängen. In der gesamten Küche stand Wasser auf dem Boden. Er hatte doch den Hahn abgedreht? In der Pfütze spiegelte sich einen Augenblick der Fährmann wieder. Gonzo erschrak, Moso lachte und schüttelte den Kopf.

Seine Schachtel John Player Unspecial war fast leer, drei Zigaretten blieben ihm noch, er steckte sich eine der drei an und sog Luft ein. Er hielt die Luft an, als ob er unter Wasser

tauchte, er nahm noch einen Zug. Er sah einen Stern, einen zweiten und da war ein Feuerwerk.
Husten presste ihm den Rauch aus der Lunge. Sie rasselte eine Weile lange, verstummte dann. Nur das knistern des verbrennenden Zigarettenpapiers war zu hören. Das war es also, das war das Größte in deinem Leben. Moso geht auf Reisen, Gonzo meldet Insolvenz an. Es ist besser Moso zu sein und auch Moso erhält bald einen neuen Namen.
Niemand wird ihn je zu Verantwortung ziehen können, es war nicht seine Schuld. Er war das Produkt seiner Umwelt, nicht er war krank, die Gesellschaft war krank. Gonzo war ein unbeschriebenes Blatt gewesen. Moso war das Löschpapier für den fehlgeleitenden Versuch, der Gonzos Leben gewesen war.

Er war nur die Reaktion, er war der Antikörper der die Gesellschaft heilte. Das hatte nichts Edles, er war nur ein Uhrwerk, das zulange aufgezogen wurde. Die Umkehr

der Hebelwirkung, hatte niemand vorausahnen können und trotzdem war sie da. Er war die Schuld die entstanden war, während man zu lange Misswirtschaft betrieben hatte. Mit ihm, dem Staat, der Gesellschaft, den Menschen. Moso sorgt für Gerechtigkeit und beendet durch Vergemeinschaftung der Produktionsmittel den tendenziellen Fall der Profitraten.
Er war obdachlos und in ein paar Stunden staatenlos. Er griff sich den Koffer, genug Gedanken, Verlorenes vor sich
her sinnieren. Aus Gedanken, fielen Worte heraus, wenn man genau hinhörte. Nein, es waren es schon längst Taten. Er war bereit.

Es tröpfelte ein wenig, als er mit schnellen Schritten Richtung Bahnhaltestelle ging. Die Tickets wurden auch immer teurer, er schaute auf seinen Ausdruck hinab: "Einmal Flugticket + City Pass" stand da in fetten Buchstaben.
Die Bahn war nur mäßig belegt, er setzte sich in eine Ecke und klemmte seine Tasche

zwischen die Füße. Diese Tasche war alles, was er noch besaß, bei dem Gedanken sie zu verlieren wurde ihm etwas mulmig. Ein paar betrunkene Halbstarke setzen sich zu ihm. Die Gesichter kamen ihm bekannt vor, waren das nicht dieselben die das „Burnout“ betreten hatten, als er und Igor gegangen waren? Sie schienen ihn wieder zu erkennen.
"Wassen los Meister?" blökte der Kurze.
"Bin auf dem Weg zum Flughafen."
"Urlaub?“, fragte der Junge, „Oder bist du ein Anzug, Meister?"
"Urlaub. Und ihr? Burnout?"
"B-U-R-N O-U-T" buchstabierte der Fragesteller und alle drei nickten Zustimmend.
„Wisst ihr eigentlich warum der Schuppen so heißt?"
"Ne Meister, erzähl mal Meister."
Dieses Meister fing ihn an zu nerven.
"Burnout war das Lieblingsgetränk, des Typen der den Schuppen aufgemacht hat. Ein Drittel O-Saft, Ein Drittel Energy Drink, Ein

Drittel Wodka, mit einer Zitrone. Getrunken wird nur aus einem Doppel-Maß. Als seine Leber verfettete wurde der Cocktail von der Karte gestrichen. Kurze Zeit später starb er an Organversagen."

"Meister, echt jetzt?" Der Junge schaute Moso ungläubig an.
"Ja"
"Echt?"
"Ja. Was würdet ihr mit einer Million Euro anstellen?"
"Eine Million Ein-Euro-Lose kaufen und groß absahnen." antwortete der Wortführer.
"Eine große Party schmeißen." sagte der Lange.
Der dritte Halbstarke kicherte wild vor sich her und gab keine Antwort.
"Nun entschuldigt mich, ich muss hier umsteigen."
Drei "Machs gut Meister." erklangen, die Halbstarken schauten ihm hinterher.
Am Hauptbahnhof wollte er noch eine Stange "Johnny Plays and Loses" kaufen, Zeit

hatte er noch genug. Der Flughafen wurde von hier im 10 Minuten Takt angefahren. Gonzo verließ den Hauptbahnhof zum Nebeneingang, hier stand ein kleiner Kiosk der keiner Kette angehörte. Es war leer und der Verkäufer freute sich an einem mauen Abend eine Stange "Johnny the Fraud" zu verkaufen. Gonzo nahm sich außerdem ein Bier. Als er es öffnete fragte er den Besitzer was er mit einer Million Euro machen würde:
"Ich würde meiner Frau ein schickes Auto kaufen und meiner Mutter eine Wohnung. Den Kiosk würde ich für ein Jahr dicht machen und verreisen. Wenn ich zurückkomme, mache ich wieder auf. Vielleicht würde ich einen der Kühlschränke wegwerfen und einen neuen kaufen. Was würdest du machen?"
"Keine Ahnung, vielleicht die Kohle in eine Stiftung stecken." Gonzo war gespannt auf die Reaktion des Verkäufers. Moso raunte Gonzo an er solle die Klappe halten.
"Um Steuern zu sparen?" das war so enttäuschend wie Supermodels ohne

Photoshop und Makeup zu betrachten und doch nichts Neues. Er hätte sich gewünscht, gefragt zu werden, was er denn Selbstloses vorhat, das er eine Stiftung gründen will. Gonzo war naiv und inkompetent. Moso war es nicht.
"Ja, um Steuern, zu sparen." er zwang sich zu einem Lächeln, bezahlte und ging.
Er nahm auf einer Bank im Raucherbereich an Gleis 7 Platz und trank zügig sein Bier leer. Der Wind zog durch die Gleise. Ein Schauer lief ihm über den Rücken, bis er über die Grenze war sollte er sich bedeckt halten. Warum stellte er überhaupt so dumme Fragen, was war denn zu erwarten? Keine der Antworten würde ihn umhauen, sie würden nur dafür sorgen, dass man sein Gesicht besser im Gedächtnis behielt. Früher oder später würde jeder sein Gesicht kennen. Doch später war besser.
"Bahnlinie 6, aus Madental mit Halt am Flughafen" knatschte es aus dem Lautsprecher. Scheinbar war heute kein Bahn-Sprecher im Amt, der des Englischen

mächtig war. Nur eine Durchsage in der Landessprache, als Tourist wäre man hier verloren.
Er war froh, sich aus dem Staub zu machen, er stieg in die Bahn ein und die Türen schlossen sich. Fünf Haltestellen später, stieg er wieder aus. Es ist bald soweit, zittrig steckte er sich eine Zigarette an, er war aufgeregt. Doch es war die gute Art von Aufgeregtheit nicht die: Führerschein und Papiere bitte, mit dem Gewissen genug getrunken zu haben um nicht nur den Führerschein zu verlieren, sondern wegen fahrlässiger Trunkenheit ins Gefängnis zu kommen. Es war mehr diese, „Ich habe es geschafft. Ich bin einer von den Gewinnern“-Aufgeregtheit. So müssen sich Lotteriegewinner fühlen, die nur ihren Wettschein, so wie Gonzo sein Flugticket, in der Hand halten und es kaum erwarten können, den Hauptgewinn abzuholen. Moso fühlte sich immer so. Einmal ein neues Leben Bitte. Danke! Fühlt sich wie neu an.

Er rauchte hastig auf, wenn er einmal durch die Sicherheitskontrolle war, war er sicher. Er war dann auf internationalem Territorium. Selbst wenn Guernsey einer Auslieferung zustimmen würde, was sie bisher nie getan hatten, wäre die Zeit, in der die Staatsanwaltschaft Licht ins Dunkel bringen würde, zu lange.
Bis Paragraph 457 der Strafprozessordnung erlaubt hätte einen Haftbefehl zu erlassen. Hätte er einen neuen Namen. Eine Neue Steuernummer. Eine neue Sozialversicherungsnummer. Ein neues Vorstrafenregister. Ein neues Leben.

Beinahe wäre er über das Ende der Rolltreppe hinweg gestolpert. Der Flughafen war belebter als er vermutet hätte, aber was wusste er davon, wie es in Flughäfen zu geht. Er war seit Jahren nicht mehr verreist. Er bestaunte die Preise der Kioske und verglich sie mit denen im Bahnhof, vor dem Bahnhof und dem Kiosk an der Schleuse.

Du bist frei überall hinzugehen wo du willst, solange du es dir leisten kannst. Versuche mal, ohne deinen Geldbeutel deine Freiheit auszukosten.
Die Hürde des neuartigen Self-Check-In Automaten war schnell genommen, Gepäck hätte er nicht aufgeben müssen. Es wäre als Handgebäck durchgegangen doch er hatte keine Lust es mit sich herumzutragen, er vergaß es womöglich nur wenn er sich in der Flughafen Bar einen Drink genehmigte.
Der Anblick der Sicherheitskontrolle ließ sein Herz einen Sprung machen. Leeren sie ihre Taschen, strecken sie die Arme aus. Die Körperdurchleuchtung war kein Problem, wer war schon so dumm, hier Waffen mit sich zu führen. Zumindest keine Waffen, die nicht aus Keramik gefertigt waren, diese Waffen fallen bei der Durchleuchtung nicht auf. Er hatte mehr Angst vor der Passkontrolle. Es war unmöglich, dass sein Handeln bereits den Behörden vorlag. Doch als er dem Grenzbeamten, der seinen Pass betrachtet wurde er unruhig.

"Entschuldigung wir brauchen hier Hilfe." sprach er in ein Mikrofon nach dem er, den Knopf am selbigen gedrückt hielt.
Er sah ihn nicht mal an.
"Was ist denn, stimmt was nicht?" er war kurz davor seine ruhige Stimme zu verlieren. Ein Kloß bildete sich in seinem Hals. Moso ermahnte Gonzo ruhig zu bleiben.
"Majevisky hier, was gibt es?"
"Hey Majevisky, schauen sie in Kamera 8 und kümmern sie sich darum."
Gonzo drehte sich herum, einer der Wartenden in der Schlange hinter ihm, war eine Bierflasche heruntergefallen. Scherben und Brotsaft bedeckten den Boden. Moso meckerte „Kannst nicht einmal ruhig bleiben“. Der Grenzbeamte schien wohl einen Flughafenmitarbeiter herbei zu pfeifen, um die Sauerei wegzumachen.
"Alles in Ordnung, gute Reise." sagte der Beamte als er Gonzo den Pass zurückgab.
Moso raunte Gonzo an, er solle sich gefälligst gerade hinstellen. Der Boden vibrierte.

Gonzo betrat die Flughafenbar. Die Bar war von einer Glasscheibe zerschnitten, welche den freien Genuss von Tabak in einem Teil der Bar erlaubte. Holzverkleidung und Lederbezüge auf den Hockern, sollte wohl an einen Pub erinnern. Die Wände waren mit Bildern und anderem Krempel geschmückt, eben ein Pub.
Gonzo nahm auf einem Barhocker Platz, drei Fingerbreit Whisky und ein Glas Wasser, gab er dem Barkeeper zu verstehen. Der Barkeeper sah gepflegt aus, er trug Anzug und Krawatte, an seinem Hals war bei genauem Hinschauen eine große Narbe zu erkennen. Er hatte wohl bevor er angefangen hatte am Flughafen Getränke zu servieren, einige Schwierigkeiten durchmachen müssen. Gonzo dachte an die Brücke, es war fast eine Woche her, dass er dort geschlafen hatte. In dieser knappen Woche hatte sich alles geändert. Der Whisky brannte in seiner Kehle. Er genoss wie der Alkohol seine Kehle

hinunterfloss. Er nahm noch einen Schluck, als er eine Hand auf seiner Schulter bemerkte:
"Na du Kackbratze?" blökte es in sein Ohr.
"Warum?" mehr brachte Gonzo nicht zustande als er sich umdrehte.
"Die Trottel, haben mir das falsche Datum gesagt. Mein Flieger geht erst heute." Igor grinste.
"Für ihn dasselbe." rief Gonzo dem Barkeeper zu, der den bellenden Zuruf mit einem scharfen Blick quittierte. Moso raunte: „Schon besser“.
"Verreist du? Du hast gar nichts erwähnt." Igor warf ihn einen kritischen Blick zu, die Whisky Marke war zu teuer für den Geldbeutel von Gonzo, nicht aber für Moso.
"Nach deiner kleinen Ansprache habe ich mich gefragt was zu tun ist, um ein wenig Farbe in mein Leben zu lassen. Und jetzt bin ich hier."
"Wo geht es hin?" Igor trank einen kräftigen Schluck.

"Weiß noch nicht." Gonzo antwortet Igor und trank sein Glas leer.
"Wie, weißt du nicht?" Igor verzog das Gesicht als er ebenfalls auf ex trank.
"Weiß ich nicht, ich habe ein Zimmer auf einer kleinen Insel gebucht, was danach kommt wird sich zeigen." gab Gonzo zurück.
Moso mahnte nicht zu viel zu verraten.
"Darf es noch was sein?" sagte die Halsnarbe.
"Nochmal dasselbe und zwei Bier." sagte Gonzo mit einem Grinsen.

Wenn Alkohol über den Magen in die Blutbahn abgegeben wird, greift dieser massiv in den Stoffwechsel ein. Um der Vergiftung beizukommen, stellt der Körper 70% des aufgenommenen Sauerstoffs zu Verfügung um den Alkohol wieder abzubauen. Schädigung am Herz, Gehirn und der Nerven sind einige der Konsequenzen, eine weitere ist ausgelassene Heiterkeit und ein warmes, angenehmes Körpergefühl. Auf den Punkt gebracht: Gonzo und Igor fühlten sich prächtig.

Gonzo klopfte mit dem Zigarettenschachtel-Boden auf den Tresen, nahm eine Zigarette heraus und schmiss die Schachtel wieder auf den Tresen. „Bediene dich“, sagte er, während er die Zigarette zum Glimmen brachte. Moso gefiel das.
"Du alter Schweinehund. Machst einen auf Miese-Peter aber scheinbar geht es dir ganz gut. Ich habe mir schon Sorgen gemacht."
Igor blies nun auch blauen Rauch aus der Nase.
Gonzo hätte nicht weiter davon entfernt sein können, sich gut zu fühlen, aber Moso fühlte sich blendend. Gonzo war ein Absteiger auf dem Weg nach ganz unten, Moso war auf dem Weg nach oben, er hatte alles unter Kontrolle. Moso war kein Aufsteiger, Aufsteiger treffen das Ziel das keiner sonst trifft. Moso war der Überflieger, der ein Ziel trifft das die anderen nicht einmal sehen konnten. Moso war ein Krieger des Lichts.

"Ja man, gut geht es mir. Du hast mich am falschen Tag erwischt, tut mir leid, dass ich so eine Fratze gezogen habe." sagte Gonzo verbrüdernd.
"Du brauchst dich nicht entschuldigen, ich habe dich gerne aufgemuntert." gab Igor zurück.
"Das Leben ist gut, ich hatte das an dem Tag vergessen. Das ist, ich mein, war alles." Igor nickte um das, was sein Freund gesagt hatte zu bestätigen.
Gonzo hob sein Glas: "Auf das Leben, auf gute Freunde!" Igor sagte: „Verlorene Liebe, auf alte Götter und auf neue Ziele. Auf den ganz normalen Wahnsinn, auf das was einmal war.“
Gonzo stellte fest: “Die Onkelz sind auch nicht mehr das was sie mal waren.“
Sie stießen an und leerten die neuen zwei Mal drei Finger breit in einem Zug. Sie verzogen beide das Gesicht und spülten den Geschmack mit einem Schluck Bier herunter. Egal wie teuer ein Schnaps ist, wenn du nur

zu viel trinkst, schmeckst du das Gift heraus und verziehst angewidert dein Gesicht.
Gonzo hob den Arm, Igor zog in wieder runter: "Ich kann mir so teuren Fusel nicht leisten, Mann."
Gonzo wischte die Hand des Freundes weg und rief: "DASSELBE BITTE"
Halsnarbe nickte. Moso grinste breit und säuselte: „Schalt mal einen Gang hoch“.
"Ich lad dich ein Igor. Es gibt was zu feiern."
"Was denn?" sagte Igor mit zugekniffen, vom Qualm brennenden Augen. Die kleinen feinen Äderchen waren mehr als sonst gerötet.
"Das wir am Leben sind. Wir LEBEN man! Wenn das nicht Grund genug ist, zu feiern."
Sie leerten die Gläser. Niemand konnte ihnen diesen Moment nehmen. Das war ihre Stunde. Igor und Gonzo, Igor und Moso. Sie tranken und die Zeit verstrich langsam.
"Was würdest du mit zehn Millionen anfangen?" Gonzo kniff die Augen zusammen, als ob er die Antwort so besser hören könnte.

"Ich würde ein altes Schloss kaufen und ein Waisenhaus aufmachen."
"Warum ein Schloss?" sagte Gonzo und kniff die Augen noch ein wenig enger zusammen.
"Na ja als Waise, wirst doch bestimmt in der Schule ausgelacht, so was wie: Ha ha, du hast keine Eltern. Die Waisen die meinem Schloss wohnen könnten dann antworten: Dafür lebe ich in einem Schloss."
"Echt jetzt?" Gonzos Wangenmuskel hatte anfangen zu zucken, daher hatte er die Augen wieder geöffnet.
"Ja Mann, ich denke die Idee ist fett."
Die Gläser klirrten ein letztes Mal, Igor zeigte auf den Bildschirm. "AF28-21 Kaptstadt, Boarding now". Igor zog seinen Geldbeutel raus, Gonzo schüttelte den Kopf, doch Igor warf ein paar Scheine auf den Tresen und drehte sich um.
"Igor, warte Mann." Igor drehte sich um.
"Danke Mann. Nicht wegen dem Geld, wegen dir. Du bist ein guter Freund. Was auch passiert, vergiss nicht du bist ein Guter."

"Das habe ich alles von dir gelernt." sagte Igor, seine Augen waren glasig, es lag wohl am Alkohol.
Igor verschwand aus Gonzos Blickfeld.
Moso zahlte und ging zum Gate.
Gonzo blieb sitzen und brach in Tränen aus.
Am Ausgang der Bar stand eine Pfütze Wasser, die kleinen Fingerchen des Fährmann streckten sich aus ihr heraus.

Auf dem Weg zum Gate, blieb Moso an einem Getränkeautomaten stehen. Er tippte den Code zum Testen der Münzausgabe ein. Er tippte ihn zwei Mal ein und kaufte drei Flaschen Wasser. Schnaps und Wasser gingen für ihn immer Hand in Hand. Nun gut fast immer.
Er setze sich auf eine der Wartebänke und beäugte die anderen Passagiere. Fast alles waren Anzüge, alle sahen so schrecklich beschäftigt aus. So schrecklich ernst, entspannt euch. Seid nicht so Eindimensional. Lange wird es für ein paar von euch nichts mehr zu lächeln geben,

wenn ich erst losgelegt habe. Die unehrlichen Erfolgreichen werden ihren eigenen Brücken-Moment haben, falls sie einsichtig sind oder sie es fertig bringen gestohlenem Geld nachzutrauern. Ich werde euch richten. Moso saß auf einer Bankreihe und schaute um sich, neben ihm lag eine Zeitung. Er schlug sie auf und musterte die Überschriften. Wie flüchtige Schatten brach der Weltschmerz über ihn herein. Eine kleine Randmeldung auf Seite: „Zahl der Hungernden steigt von 700 Millionen auf 1 Milliarde. Seit der Finanzkrise, sind weltweit die Nahrungsmittelpreise gestiegen. Der Interbankenhandel war zusammengebrochen und nun wurde verstärkt mit Rohmaterial gehandelt. Dies trieb die Getreidepreise nach oben." Er blätterte weiter. „Neuartige Klimawandelsimulation zeigt erstmal interaktive Karte der Welt bei einem Temperaturanstieg von im Mittel 3 Grad Celsius. Es war eine großzügige Karte von Europa abgedruckt. Viele der Küstenregionen versanken. Er schaute nach Israel. Nördlich davon sah er Damaskus. Es stand unter Wasser.“ Moso schaute auf. Jemand war vor der Toilette ausgerutscht. Es war ein alter Mann. Apathisch schaute das Getümmel auf dem Flughafen zu wie er sich die Schulter rieb und auf den Boden lag. Moso musste an Kitty Genovese denken. Der Boden unter dem alten Mann war nass. Hatte er sich eingenässt? Half deswegen niemand? Moso schaut zu Boden. Seine Füße standen in einem Zentimeter Wasser. Jemand eilte dem alten Mann zu Hilfe, es trug eine Hilfsuniform. Niemand sonst bemerkte das Wasser am Boden. Der Boden vibrierte. Moso schüttelte die Zeitung zurecht und las weiter. Gonzo stand schreiend auf, die Hände zu den Backen gerissen und schrie und schrie und schrie. Bis ihm die Luft soweit aus der Lunge gepresst wurde das seine Stirn einen Blauton bekam, er sackte auf die Knie. Moso zog die Augenbraun hoch. Er war nicht beeindruckt. „Rebellen an der Grenze zwischen Syrien und Irak gesichtet. Schwarze

Flagge…“ Moso sprach den wartenden Gast links von ihn an, der las ein Buch von Ray Dalio. Prinzipien lautete der Titel. „Ist doch immer dasselbe. Warum kaufen sie so einen Schmutz? Ein Selbsthilfe Buch eines Bankers? Nach der Finanzkrise 2008 bin ich der Meinung das der beste Weg die Wirtschaft im Gleichgewicht zu halten ist, dass hin und wieder ein Banker an einem Laternenpfahl aufgehängt wird.“
„Bitte was?“ gab der Gast zurück.
„Wenn sie ihr Leben in Ordnung bringen möchten, müssen sie einen Banker erhängen.“ Der Gast sagte sichtlich verunsichert:
„Mister, hören sie bitte auf zu schreien.“
Gonzo grinste und Moso ging ihm an die Gurgel. „Führ dich hier nicht so auf.“ Raunte es irgendwoher. Er war still. Es war still. Gonzo legte die Zeitung beiseite. Was war gerade passiert? Verlor er seinen Verstand? Er stand auf und ging zur Raucherkabine, holte seine Packung John Player Disguise hervor und steckte sich eine Zigarette an.

Das muss wohl das Benzilsäureester gewesen sein. Er hatte wohl doch nicht alles ausgekotzt. Ganz abgesehen davon hätte die Wirkung schon wieder verflogen sein sollen. Der Rauch kräuselte um sein Gesicht. Er stand allein in der Raucherzelle, abgeschirmt und sicher. Er hörte zwei laute Schläge. Sicher vor was? Wenn sein Plan Erfolg haben sollte, war es um seine Sicherheit schlecht bestellt. Moso saß noch auf der Bankreihe, er zwinkerte ihm zu. Gonzo rauchte auf und ging auf die kurze Schlage zu. Das Boarding hatte schon vor einer Weile begonnen. „Da das ist der Man, er den alten Man geschupst und auf der Toilette randaliert." Hörte er eine Frauenstimme sagen, er blickt in Richtung Stimme. Eine Frau stand mit zwei Polizisten da, sie zeigte auf Moso der immer noch auf der Bankreihe saß. Wasser tropfte von der Decke zu Boden. Nein halt. Wasser tropfte vom Boden zu Decke. Gonzo schüttelte den Kopf. Er schaute hoch zu den Monitoren. „Boarding Now, Boarding Now, Boarding Now." Flackerten zwei Monitore,

auf einem weiteren lief einer dieser 24 Stunden News-Channel. „Ok bleib jetzt ganz ruhig. Atme langsam. 1, 2, 3."
„Legen sie sich hin!" schrie einer der Polizisten. Der alte Mann der vorher hingefallen war, tanzte im Hintergrund auf und hab. Viel zu schwungvoll für sein Alter. Gonzo kümmerte sich nicht weiter. Die Sonne schien ihm ins Gesicht, er zeigte sein Flugticket vor und stieg in das Flugzeug. Als er im Flieger saß, schlief er sofort ein. Vom Start des Fliegers bekam er nichts mehr mit.

„Ich vermisse dich doch auch, aber es geht einfach nicht. Ich bin jetzt beim ihm. Ja ich lieb dich auch noch." Gonzo hielt das Handy von Roberta in den Händen. Bisher dachte er, dass ihre Beziehung die Entfernung gut überstanden hätte. Er hat nun mal keinen Job gefunden und musste nach dem Studium wegziehen. Von Amts wegen, er hätte sonst die Bezüge verloren und dealen wollte er nicht mehr. Sein Abgeschlossenes Studium als Chemie Ingenieur wollte er nicht aufs

Spiel setzen. Vorstrafen nein danke, niemand würde ihn noch einstellen wollen, wenn er erstmal kein unbeschriebenes Blatt mehr war. Er starrte auf das Handy. Er hatte so etwas noch nie gemacht, er hatte noch nie ihr Handy genommen. Doch irgendwas war an diesem Abend schief. Die ganze Woche war schief. Sie wohnten 700 km voneinander entfernt. Sie war die Strecke schon öfters gefahren, doch zu seinem 25. Geburtstag war sie nicht erschienen. Roberta war erst ein paar Tage später eingetrudelt und verhielt sich distanziert. Kühl. Sie schauten wie so oft einen Horrorfilm und er erschrak sie an einer spannenden Stelle. Sie war richtig wütend geworden. „Lass mich du Wichser." Er hatte das schon oft getan aber nie war so ein Ton dabei gefallen. Er dachte das sie wahrscheinlich müde war von der Reise. Sie war wohl in Gedanken bei ihm gewesen. Daher die Spannung. Er lass den Text nun zum dritten Mal. „Ich vermisse dich doch auch, aber es geht einfach nicht. Ich bin jetzt beim ihm. Ja ich lieb dich auch noch." Sie schlief auf dem Sofa. Er wollte sie wecken und zur Rede stellen. Doch wollte er sie nicht zur Rede stellen. Er hatte mit Eifer gesucht, was Leiden schafft. Eifersucht war eine Leidenschaft. Immerhin war sie jetzt hier. Sie hatte mit ihrer Affäre Schluss gemacht. Kevin würde wohl sagen, Beta Bucks, Alpha Fucks. War es das erste Mal das sie ihm fremdgegangen ist? Er wollte sie wecken. Doch was würde sie wohl sagen. Sie hatte eine Affäre und dann? Schlief sie noch hier? Er wollte sie heimschicken. Er ließe sich das nicht gefallen, er hatte etwas Besseres verdient und der Sex mit ihr war sowieso so lustlos. Daher die Affäre? Eine Beziehung ohne guten Sex? Wer braucht das schon. Kein Mann braucht eine weibliche Mitbewohnerin. Er ging in die Küche, nahm ein Bier aus dem Kühlschrank, trank es auf Ex und holte sich ein Neues. Ihre Beziehung war also doch nicht so robust, wie er gedacht hatte. Er würde sich neben sie legen und sie am folgen Tag drauf ansprechen und heimschicken. Sie sollte die Nacht erstmal ruhen. Nicht das sie noch einen Unfall baute auf der Heimreise.

Die Magensäure brannte seine Speiseröhre hinauf, als er aufwachte. Der Flieger wurde bei der Landung ordentlich durchgeschüttelt. Das Rütteln machte seinem Schlaf
ein abruptes Ende. Es war eigentlich nicht von Schlaf zu sprechen, Kurzeit-Alkoholkoma wäre eine bessere Beschreibung. Er hatte von seiner Trennung von Roberta Paulson geträumt? Das war ein gutes Zeichen, endlich mal kein Fährmann, endlich mal keine Gewalt und Grelligkeit. Regen klatschte gegen das Flugzeug. Er schaute nach draußen. Zwischen den Beiden Scheiben an seiner Luke, krabbelten ein paar Ameisen. Draußen trommelte es. Die Ameisen marschierten unbehelligt im Kreis. Zwei Kreise. Es wurden immer mehr Ameisen. Er sah deutlich zwei in sich verschlungene Ringe. Er klopfte mit dem Finger gegen die Scheibe. Die Ameisen zeigten sich

unbeeindruckt. Moso stupste seinen Sitznachbarn an. „Sehen sie das?“
„Was denn?“ gab der Anzug zum Besten.
„Na das hier die Ameisen.“ Der Anzug rollte die Augen. „Hör mal zu Junge, da sind keine Ameisen aber du stinkst nach Alkohol wie ein Heckenpenner. Vielleicht schläfst du dich mal aus.“ Moso zog die Augenbraue hoch.
„Junge, bei mir waren es immer Maden. Ungeziefer sehen wo keins ist, ist nicht gut. Als nächstes kommen die Schattenmenschen. Es fängt an in den Augenwinkel und dann siehst du sie überall. Delirium Tremens ist kein Vergnügen du kannst dabei sterben. Dass da,“ er deutete auf die Scheibe „ist ein Vorbote von dem was noch kommt, wenn du so weiter machst. Dein Körper kann das ein paar Jahre, doch dann verzeiht er dir solchen Groben Schnitzer nicht mehr.“ Moso, nickte. Der dritte Fluggast in der Reihe drehte sich zu den beiden um und sagte: „Degenerierte Junkies. Das kommt davon, wenn man seinen

Blick von Gott abwendet. Jeden Tag entfernt ihr euch weiter von seinem Licht.“
Mr. Tremens antworte: „Ich bin seit Jahren trocken, doch brauch ich dazu keinen Gott. Kümmern sie sich um ihren eigenen Scheiß.“
Der dritte Fluggast wies ihn zurecht: „Du hast mit Lust in deiner Stimme gesprochen, mit Hunger. Das sind keine Schattenmenschen, das sind Dämonen die dich hinabziehen werden in die Hölle. Tut Buße für euere Sünden oder erleidet ewige Qual.“ Damit war er fertig, stand auf und lief den Gang hinunter. Es war Zeit das Flugzeug zu verlassen.
Mr. Tremens sagte: „Ich bin Tony.“ und reichte Moso die Hand. Moso schüttelte sie und sagte: „So schlimm ist es um mich nicht bestellt.“
Mr. Tremens zog eine Visitenkarte aus seinem Etui und streckte sie Moso entgegen. „Falls du Hilfe brauchst und ernsthaft an einem Ausweg interessiert bist. Ich bin Psychotherapeut und hier auf der Insel ansässig. Die Therapie hier ist ein wenig

anders. Wir können hier auch mit MDMA und LSD behandeln, die Resultate bei Alkoholikern sind fantastisch. Ich kann keine Wunder vollbringen, aber meine Rückfallquote bleibt unerreicht. Melden sie sich."
Moso sagte nickend danke. Mr. Tremens stand auf und verließ das Flugzeug. Moso blieb noch eine Weile sitzen, bis die restlichen Passagiere ausgestiegen waren. Dann stand er langsam auf und ging auch den Gang hinunter. Er lächelte den beiden Stewardessen zu und wünschte einen guten Tag. Er hasste es, wenn jemand unfreundlich zum Personal war, die tun auch nur ihren Job. Er lief durch den Verbindungskanal zwischen Flugzeug und Terminal. Der Regen prasselte auf das Dach des Kanals. Er schaute zu Boden und der Boden waberte. Seine Füße versanken, er schaute aus dem Fenster. Da stand er.

Mitten auf dem Flugfeld stand der Fährmann zusammen mit dem Kapitän. Des Fährmanns

Umhang schien nicht nass zu werden. Sie schwarzen Federn glänzten im Regen. Der Kapitän streckte seine Hand Richtung Fährmann. Aus der Entfernung konnte er die kleinen Hände an den Fingerkuppen, des Kapitäns kaum erkennen. „Gehen sie bitte weiter wir wollen das Gate schließen.“ Erklang eine genervte Stimme hinter ihm. Moso drehte sich um, da stand die Stewardess. Sichtlich entnervt. „Ich habe nur…“ sagte Moso.
„Hör mal zu Süßer, es war ein langer Tag. Dein Flug wäre fast ausgefallen, ich war vorher auf einem Interkontinental Flug Crewmitglied. Ich bin müde, ich will schlafen.“
„Hi Sexy, weißt du wo du heute Nacht schläfst? Vielleicht an meiner Seite?“ antworte Moso süffisant. Die Stewardess schüttelte den Kopf.
„Erstmal gilt das nicht, ich habe dich zuerst angeflirtet. Zweites ist das einer der schlechtesten Sprüche den ich je gehört habe. Wer flirtet so? Viel zu zielstrebig.“

„Zumindest kann ich so gleich einen bleibenden Eindruck bei dir hinterlassen.“ Sagte Moso sichtlich peinlich berührt. Er ging kaum noch fort und auf Arbeit war Anmachsprüche absolut Haram. Wenn so ein Spruch an die Personalabteilung weitergeleitet wurde, war es das mit deinem Job.
„Sei du mal froh das die Fliegerei einsam macht.“ Sagte die Stewardness mit einem Lächeln. Moso grinste.
„Treff mich am Ostausgang. In einer halben Stunde ich muss noch Papierkram erledigen.“ Sagte sie und machte Kehrtwende und ging zurück ins Flugzeug.

Als er an der Gepäckausgabe stand, wartete eine Enttäuschung auf ihn. Sein Gepäck war im falschen Flieger, seine Unterlagen, sein ganzer Plan war in dem Gepäckstück. Seine Kleider alles was er noch besaß. Moso fror ein, keine Angst flüsterte er sich selber zu. Du nimmst Kredite mit gefälschten Identitäten auf, erwirbst mit dem Geld eine

Banklizenz und treibst mit deren Geld die Revolution voran.

"Das dauert in der Regel zwei Tage. In diesem Fall jedoch eine Woche. Verzeihen sie die Unannehmlichkeit, füllen sie dieses Formular aus und wir liefern ihnen ihr Gepäckstück in ihr Hotel." teilte ihn ein Flughafenmitarbeiter mit.
"Ist schon in Ordnung, ich bin sowieso in Flughafennähe." gab Moso zu verstehen. Moso war beunruhigt, er konnte keine Adresse angeben. In seinem gebuchten Hotel würde er nie ankommen. Er musste seine Spuren verwischen.
"Sir, sie müssen dieses Formular ausfüllen und sich als Inhaber auszuweisen." der Beamte spuckte Moso die Worte in einem gelangweilten Ton vor die Füße. Als er den Satz beendet hatte, sah er ihn wieder an und hielt ihm das Formular vor die Nase. Als Moso danach griff, rollte der Beamte mit den Augen und ging weiter.

Das Gepäckstück war das letzte was er besaß, es war nicht lebensnotwendig, doch sein Inhalt war brisant. Um entspannter saufen zu können, hatte er die ganze Operation trockene Oase in Gefahr gebracht. Er warf das ausgefüllte Formular in den Briefkasten. Er ging an ein öffentliches Telefon und rief in dem Hotel das er mit dem Flug gebucht hatte:

"Sie sprechen mit der Rezeption des Holidolor, was kann ich für sie tun."

"Guten Tag, Herr Moso am Apparat. Ich bin der Sekretär von Herr Herrhausen, mein Arbeitgeber hat die Reservierungsnummer 2121548985. Es ist etwas dazwischengekommen, er wird später als geplant anreisen. Bitte halten sie ihm das Zimmer frei und buchen damit verbundene Kosten von der hinterlegten Kreditkarte ab."

"Ok, kann ich sonst noch etwas für sie tun?" hörte er eine metallische Frauenstimme.

"Wie ist ihr Name?"

"Patrice Rochart"

"Danke für ihre Hilfe, Frau Rochart."

Moso legte auf und zündete eine Zigarette an. Ein paar der Reisenden schauten in argwöhnisch an, Rauchen war in diesem Bereich wohl nicht erlaubt. Es kümmerte ihn nicht weiter. Die Zigarette war kaum zur Hälfte geraucht, als er das Flughafengebäude zu einem Seiteneingang verließ.
Das mit dem Gepäck war ärgerlich, doch wich er nicht von seinem Plan ab. Als er das kurz zuvor gekaufte Feuerzeug Benzin in einen Mülleimer goss, kamen ihm kurz Zweifel. Sie schlugen ihm förmlich ins Gesicht.
Moso weiß was er da macht, nachdem er das Bargeld herausgenommen hatte schmiss er den Geldbeutel von Gonzo in den Mülleimer. Er zündete zwei Streichhölzer an und sah zu wie eine Stichflamme aufloderte. Der hölzerne Müllereimer würde eine Weile brennen. Holz war in seinen Augen schon immer ungeeignet für die Müllentsorgung, es machte Halbstarken das randalieren zu einfach. Zwischen Flughafen und seinem

Zielort, brannte irgendwo in einer verlassenen Straße ein Mülleimer. Lauerten am Flughafen nicht überall Kameras?
"Wer war Gonzo noch gleich?"
"Ein Opfer."
"Wer war der Täter?"
"Die Umstände."
"Wer bist du?"
"Ich bin Moso, der Blender und ich will all dein Geld. Ich bin der Krieger des Lichts."

Eigentlich hatte er nicht vorgehabt an den Ostausgang zu gehen. Doch das verlorene Gepäckstück machte seinen Plan zunichte. Er brauchte Geld. Was er dabei hatte war nicht genug und sein Gepäck war verloren gegangen. Mit etwas Glück würde die Stewardess Geld bei sich haben. Er lief zum Ostausgang und zündete sich noch eine Zigarette an. Es hatte aufgehört zu regnen. Die Luft roch frisch und spendete ein angenehmes Gefühl das vom Treiben des Flughafens ablenkte. Wieso war hier so viel los? Es war doch nur eine kleine Insel, auf der

sich befand. Scheint so also ob Steueroasen doch viel Publikumsverkehr zu verzeichnen hätten. Was war, wenn sie nicht kommt? Moso zündete sich eine zweite Zigarette an. Da bemerkte er einen Hund der an einer Bank angeleint war. Er saß ruhig da und beobachtet die Szenerie. Moso setzte sich auf die Bank. Der Hund hob den Kopf und schaute ihn kurz an. Dann legte er ihn wieder auf den flachen Boden. Die Zeit stand still. Nur ein Zischen war ab und zu zuhören, wenn er ab aschte und die heiße Asche zu Boden fiel. Schritte, Schritte, zischen, Schritte, zischen, Schritte, Schritte. Moso verspürte den Drang sich umzudrehen. Keine Stewardess weit und breit. Wie lange soll er warten hatte sie noch gleich gesagt?
„Hör mal zu." Moso schaute links und rechts. Niemand schaute ihn an.
„Hey hör mal zu." Er schaute auf den Hund. Der Hund schaute ihn an. Der Hund sprach. Moso schüttelte den Kopf, wie lange dieses Benzilsäureester wohl noch im Kopf

rumspuken würde? Die Wirkung hätte längst verflogen sein müssen.
„Ja was ist?“ sagte Moso.
„Weißt du was die Tulpenmanie ist?“ fragte der Hund.
„Ja, weiß ich“ antwortete Moso. Der Hund schien auf seine Antwort nicht zu reagieren und fuhr einfach fort. „Die Tulpenmanie war eine Periode im Goldenen Zeitalter der Niederlande, in der Tulpenzwiebel zum Spekulationsobjekt wurden. In den 1630er Jahren stiegen die Preise für Tulpenzwiebeln auf ein vergleichsweise extrem hohes Niveau an bevor der Markt abrupt zu Beginn des Februars 1637 einbrach.“
Moso zündete sich eine weitere Zigarette an. „Du langweilst mich. Wir haben regelmäßig Tulpenmanien, die werden gezielt gesteuert um den armen Menschen noch mehr Geld aus den Händen zu reißen. Die Arbeit ist bereits entfremdet doch die Gier des Kapitals will noch mehr Geld haben. Deswegen werden Wirtschaftskrisen künstlich geschürt. Bis der gemeine Pöbel auch auf den Zug

aufspringt und boom, Spekulationsobjekte werden auf einmal viel zu hoch bewertet. Großinvestoren springen rechtzeitig ab bevor der Markt zu heiß wird. Doch der Pöbel, hat auch seine Gier. Er springt auf, auf den Zug und verliert dann all sein Geld. Wenn die Krise zu groß ist, druckt die Zentralbank Geld was dem Pöbel weitere Kaufkraft raubt.“ der Hund war aufgestanden und legte eine Pfote auf Mosos Schoß.

„Du hast keine Ahnung wie die Wirtschaft funktioniert“, sagte der Hund.

Moso war genervt.

„Und du bist nur ein sprechender Hund, du bist eine Wahnvorstellung induziert durch den Konsum psychoaktiver Substanzen.“

Der Hund setzte sich wieder hin und sagte: „Na dann weißt du doch, dass du wahnsinnig bist.“

„Das ist nur temporär“ gab Moso zurück.

Der Hund ließ nicht locker: „Nein du bist permanent wahnsinnig und dein Plan ist zum Scheitern verurteilt, weil du keine Ahnung von Wirtschaft hast. Du hast nur linke

Schlagwörter im Kopf und verwechselst das mit Wissen. Memetische Assozationsketten die sich im Kreis drehen, mehr ist da nicht. Aktuell kannst du noch umdrehen, dich entschuldigen und alles geraderücken, was du verbrochen hast."
Moso fauchte den Hund an: „Ich habe nichts verbrochen, ich bin niemanden eine Entschuldigung schuldig. Ich habe alles richtig gemacht."
Der Hund fuhr fort: „Na, wenn du dir so sicher bist, dann geh doch. Geh in die Nacht und bleib dort. Geh für immer in die Dunkelheit."
Aus dem Off, hörte er eine Stimme:
„Da ist der Mann, er hat mich geschlagen und dann versucht meinen Hund zu würgen."
Auf einmal standen 3 Polizisten vor ihm. Der erste zog seinen Schlagstock, der zweite hatte seine Hand auf dem Pfefferspray. In Zeitlupe sah er wie der Knüppel des Polizisten auf ihn zukam. Moso gingen die Lichter aus.

„Kommst du wieder ins Bett? Du kannst auch im Zimmer rauchen. Ich kenne die Hotelleitung, ich bin hier oft.“
Moso fuhr zusammen: „Der Hund…“. Was war passiert?
„Was?“ die Stewardness brachte nicht mehr raus.
„Was ist mit dem Hund?“ er schaute vom Balkon in das Hotelzimmer.
Da saß sie, dass das Mondlicht illuminierte ihre Brüste. Körbchengröße C, mit rosafarbenen kleinen Nippeln. Sie waren hart. Moso schüttelte den Kopf.
„Ach nichts. Ich habe nur zulange nicht geschlafen.“ Die Stewardess lachte, man hörte ein wenig die Verzweiflung aus ihrer Stimme. Hier war sie nun, mit einem Fremden der scheinbar nicht alle Tassen im Schrank hatte. War es ihre Schuld? Sie hatte ihn am Ostausgang aufgegabelt, er hatte auf einer Parkbank geschlafen und war verwirrt als sie ihn weckte. Sie mochte einfach das Abenteuer. Moso trat ein.

Er stand nackt da und beobachtet sie für einen Augenblick. „Komm schon, schwing deinen Hintern hier her."
Moso lächelte.
„Bereit für Runde zwei?" Er stieg zu ihr ins Bett und biss ihr in die Brust. Sie sagte nur „Hey..." und er griff ihr zwischen die Beine. Sie war feucht. Sie stand wohl auf Wahnsinn. Er schob sich auf sie und küsste sie. Als er in sie eindrang, stöhnte sie laut.
Sie trieben es eine Weile wie die Tiere. Er konnte zwar vögeln, aber Moso kam nicht. Benzilsäureester befreit von Schmerzen, macht aber auch taub dort unten.
Irgendwann schlug ein Nachbar lautstark gegen die Wand, sie waren zu laut. Ein Schweißfilm hatte sich über ihre Körper gelegt. Als ein zweites Mal gegen die Wand geklopft wurde, ließen sie voneinander ab. Sie war sichtlich enttäuscht das er nicht gekommen war, aber draußen ging schon langsam die Sonne auf und sie war müde. Sie stieß ihn von sich runter und Moso fiel zur Seite. Sein Atem ging rasch.

„Das war wunderbar.“ Die Stewardess lachte. „Du redest wie eine Jungfrau, vögelst aber wie ein Gigolo.“
„Das sagen sie alle.“ Gab Moso zurück und zündete sich eine Zigarette an. Er ging ins Bad er schaute in den Spiegel.
Er hatte einen Ziegenkopf, mit sieben Augen und sieben Hörnern. Der Kopf zuckte hin und her, hinter ihm fiel das Gebäude in sich zusammen. Der Stein brach auf und Lava trat aus dem Boden hervor. Dunst vom flüssigen Gestein stieg auf und er sah sich auf die Hände. Es waren Hufe, wie von einer Ziege. Die Lava spritze, immer wieder Reigen rotglühender Gesteinsbrocken. Da sah er den Doppelring mit den Augen. Er glitt vom Himmel hinunter, desto näher er kam desto mehr beruhigte sich die brodelnde Lava. Der Spiegel vor ihm Zerbrach und die Scherben fielen auf einen Teich, eine Pfütze Wasser. Das Wasser bebte. Vor ihm lag der Ziegenbock, mit den 8 Augen und 7 Hörnern. Er hatte einen geschwungenen Dolch in seiner Hand. Er setze die Spitze an den Hals

des Bocks. Er blickte kurz auf und er sah in der Lava wie sich Menschen wanden. Wie Maden, krochen sie übereinander. Es gab kleine Plattformen aus Stein. Die Menschen schrieen laut, wie in einem zerbrochenen Chor hallten ihre Stimmen chaotisch wieder, manche sprangen in die Lava. Er schaute wieder zu Boden. Der Bock wehrte sich, er packte ihn an den Hörnern und zog ihn zurück in den Teich. Blasen stiegen auf, er stach zu und das Wasser verfärbte sich purpurn. Der Teich hörte auf zu brodeln. Vor ihm zerbrachen Steine und ein Tor trat aus dem Geröll her vor. Er lies den Dolch in das Wasser fallen, stand auf und ging durch das Tor den abgetrennten Ziegenkopf in seiner Rechten.

Der Boden verschloss sich wieder und die Teile des Hauses zogen sich wieder zusammen. Sein Ziegenkopf war verschwunden und er betrachtete sich im Spiegel. Der hatte tiefe, markante Ringe unter den Augen. Er schaute auf seine Hand und die Zigarette war abgebrannt ohne dass er einen Zug genommen hatte. Nur ein fragiler Aschestengel hing in der Luft. Als er in das Waschbecken aschen wollte, fiel die Asche zu Boden. Er schloss die Badtür und duschte. Hoffentlich war die Stewardess eingeschlafen bis er fertig war. Er wusste wo ihr Geldbeutel war, er brauchte das Geld, es war eine unfreiwillige Spende für einen guten Zweck. Er stand an ihrer Handtasche. Sie drehte sich im Bett um. War sie wach? Wieso schlief sie nicht? Er griff in die Handtasche und zog ein Ledernes Portmonee heraus. Er öffnete es und es war wohl sein Glückstag. Nicht nur durfte er ein paar Stunden mit ihr verbringen, sie hatte auch reichlich Bargeld bei sich. Er nahm das Geld heraus und fischte neugierig etwas weiter in ihrer Handtasche. Er fand ein paar Tabletten, Risperdal. Ein Neuroleptikum, genau das was er bräuchte damit die Wirkung des Benzilsäureester etwas nachließ. Das Risperdal erklärte warum sie ihm sein merkwürdiges Verhalten so willfährig hatte durchgehen lassen. Waffenfähige

Halluzinogene, sind einmal angewendet von einem Psychotischen Schub kaum zu unterscheiden und beides lässt sich mit Risperdal bekämpfen. „Was machst du da?“ hörte er ihre Stimme aus dem off. „Nichts schlaf weiter.“ Gab er nervös zum Besten. Sie hatte ihren Kopf nicht aufgerichtet. Er hörte ein seufzen. Es wurde Zeit das er das Hotelzimmer verließ. Er trat auf den Flur und schloss leise die Tür von Zimmer 77. Am Ende des Ganges befand sich ein Getränke Automat. Er warf ein paar Münzen ein und trag einen Schluck Besatzerbrause. Er kramte seine Zigaretten heraus und steckte sich eine an.

Die Adresse seiner Zielunterkunft hatte er im Dark Web erhalten. Das Dark Web war der Teil des Internets, der frei war. Erbarmungslos frei. Eine Art tyrannische Freiheit. Niemand weiß, wie groß es wirklich ist. Auftragsmord, Kreditkartendaten, Identitäten, Menschenhandel ob nun für medizinische Versuche oder Prostitution, das

Dark Web hatte, für jedes Vorhaben alle benötigten Informationen.
Fürs erste hatte er ein Hotel gebraucht, das keinen Ausweis verlangt oder, besser noch, einen neuen beschaffen konnte. Spezialwünsche dieser Art, ließen die Zimmerpreise um in der Regel 200-300% wachsen. Vor einigen Jahren gab es noch viele dieser Hotels, sie waren mittlerweile am Aussterben. Warum wusste er nicht, er hatte es gelesen, er wusste nicht einmal ob es stimmte. Er dachte an den Ziegenbock, dann an die Schleuse. Er wusste eigentlich kaum noch, was stimmte. Von ihrem Hotel zu seiner Zielunterkunft waren es mehrere Kilometer gewesen. Er hatte manchmal auf Arbeit, wenn ihm nicht nach arbeiten war, Zeit mit Lugel-Maps verbracht. Er hatte eine ziemlich akkurate Karte der Insel in seinem Kopf. Die Straßen waren alle schön säuberlich eingepflegt in die Datenkrake. Er ging die Straße entlang und die Menschen die ihm begegneten waren gemischten Ursprungs. Manche Teilnehmer des

überschaubaren aber lebhaften lokalen Nachtlebens geisterten noch auf der Straße herum. Andere wiederum trugen feine Kostüme, wie es sich für dressierte Affen gehörte. Anzüge, Blazer eben Geschäftskleidung. Niemand schien sich für ihn zu interessieren. Seine Augenringe fielen hier auch nicht mehr auf, wie anderswo. Es tat gut nach der langen Nacht und der Planabweichung endlich wieder in den Fußstapfen seines Planes zu sein. Er rauchte Kette wie ein Schlot, er musste seine Unruhe unter Kontrolle bringen. Was war, wenn sein Boss bereits die Polizei informiert hatte. Oder die Stewardess ihm übelnehmen würde, dass er sie bestohlen hatte. Mit etwas mehr schusseligen Glück war sie vielleicht einfach zu faul, Anzeige gegen Unbekannt zu erstatten. Was waren denn schon die Erfolgschancen ihn zu bekommen? Die Insel war nicht groß, aber eine Person in einer halben Million auf eine ungefähre Beschreibung? Er dachte an die Kameras im Flughafen. An den Hund. Was hatte er nochmal gesagt? Er hatte keine Ahnung von Wirtschaft. Ja klar. Das nicht und vom Schächten von Ziegenböcken auch nicht und hier war er nun. Eine Alte Frau schaute in an und deutete auf seine Hände. Seine Hände waren blutverschmiert. Er fror in sich zusammen. Für einen Augenblick schien alles still zu stehen. Eine Taube die gerade die Flügel aufgeschlagen hatte um los zu fliegen, hing in der Luft. Er schüttelte den Kopf und nickte der alten Frau zu. Hatten viele Menschen seine Hände bemerkt? Er schaute auf den Boden hinter sich. Der ein oder andere Tropfen Blut lag auf dem Boden und zog eine Spur. Er ging die Straße rasch weiter und kam auf einen Platz. In der Mitte prangte ein viktorianischer Brunnen, der mit seinem Geplätscher Ruhe spendete. Es war gut erhalten, zum Glück kümmerte man sich hier um die Hinterlassenschaften der Vorfahren. Er wusch sich die Hände in dem Brunnen. Zum Glück blutete er nicht. Er ging Rasch weiter, er musste zu seiner Zielunterkunft.

Das Haus war heruntergekommen. Es sah aus wie eine alte kleine Hauskneipe, die dicht gemacht hat. Braune Fenstergläser, die zugehängt waren mit Vorhängen so dick das man absolut keinen Blick hineinwerfen konnte. Vereinzelte kleine Moosflecken wuchsen an der Hauswand. Das Haus beugte sich etwas vor. Es schien zu atmen. Er hielt die Luft an. Das Haus hörte auf zu atmen. Er atmete wieder ein das Haus bewegte sich wieder. Hätte er nur mal das Risperidon der Stewardness genommen. Er kramte in seiner Tasche, bevor er hineinging wollte er noch eine Zigarette rauchen. Er lehnte sich an die Hauswand an, das Haus bewegte sich tatsächlich nicht. Ständig diese Erscheinungen irgendwann würde ihm das zu viel werden, aber irgendwann musste die Wirkung des Benzilsäureester auch wieder nachlassen und seinen geschändeten Verstand frei geben. Auf der anderen Seite der Straße war ein Schaufenster hell erleuchtet. Madame Blavatskys Wahrsagerei.

Ein Totenkopf und eine Kristallkugel prangten in dem Schaufester. Er schüttelte den Kopf. Sollte er es wagen? Schon wieder eine Ablenkung, er sollte sich um seine Unterkunft kümmern.
Moso klopfte an die Tür.
"Wer ist da?" drang es aus dem Spalt, eine Kette verhinderte, dass die Türe geöffnet wurde.
"Guten Tag, ich suche meinen entlaufenen Hund."
Die Türe fiel zurück ins Schloss, man hörte ein knacken. Es knackte ein zweites Mal und die Türe ging wieder auf, diesmal weit genug um einzutreten.
Eine alte Frau sah Moso an. "Wie lange Schätzchen?"
Hinter ihr saß ein Fleischberg auf einem zu kleinen Stuhl und schnarchte vor sich hin. Der saß da wohl für den Fall, dass es Komplikationen gab.
"Wie viel hast du?", fragte die Alte.
Im Hintergrund lief Polizeifunk, irgendetwas von einem Verrückten der einen Hund am

Flughafen erwürgt hatte und davongekommen war. Den suchten sie jetzt.
"800 €" sagte Moso als er ihr den Briefumschlag gab.
"Das reicht für 5 Tage.", die alte Frau reichte ihm eine Karteikarte nachdem sie das Geld gezählt hatte.
"Ich komme am Montag wieder, was muss ich für 4 Wochen mitbringen?"
Der Polizeifunk rauschte wieder auf, eine Stewardess wurde ermordet im Hotel am Flughafen. Ihr war die Kehle durchgeschnitten worden, vorher wurde sie vergewaltigt. Ihr Körper war von blauen Flecken und Schürfwunden übersät. Keiner der Gäste hatte etwas gehört und die Zimmerreinigung hatte sie gefunden. Die Wände waren mit Blut beschmiert. Jemand hatte mit ihrem Blut an die Wände geschrieben: „Alles ist grell, alles ist laut.“
Die alte Frau legte ihren Kopf auf die Schulter und sah ihn schräg an.
Alte: "4 Wochen, riecht nach Papieren. Hast du irgendwas gemacht? "

Moso: "Nein, ich will nur einen Neuanfang. Lass knistern."
Alte: "Bring 5.000 mit, wenn du oder das Geld stinkst, ist die Polizei dein kleinstes Problem."
Moso lächelte, nahm der Alten die Karteikarte aus der Hand und deutete zur Tür: "Bis Montag, da werde ich wieder klopfen."
Ein leichter Schauer lief ihm über den Rücken, er hatte nicht bemerkt, dass ein zweiter Aufpasser an der Tür stand. Wieso hatte er ihn nicht gesehen, diese Frage schoss ihm immer wieder durch den Kopf als er auf der Straße stand und die Adresse auf der Karteikarte entzifferte. Moso beschloss, dass das Gonzos schuld war. Er zog einen kleinen Stadtplan heraus, die Adresse lag am anderen Ende der Stadt. Er studierte die Karte eine Weile und merkte das er sie nicht wirklich brauchte. Er hatte alle Ecken und Winkel der Stadt im Kopf. Er warf die Karte vor Madame Blavastky in den Papierkorb und trat ein.

„Die gesamte Ordnung der Natur zeigt einen fortschrittlichen Marsch hin zu einem höheren Leben." stand auf einer Plakette die über der Tür im Vorraum befestigt war. Er schüttelte den Kopf, er kannte das Zitat irgendwoher. Nicht die Natur strebt nach Ordnung, das Menschengeschlecht schreitet voran. Nein halt nicht das Menschengeschlecht, nur die die Ausgestoßenen und die Verrückten. Die Menschen die sich nicht dem Logozentrismus und Materialismus hingaben, schritten voran. Alle anderen blieben stehen und passten sich an. Sie degenerierten auf ein eindimensionales Bewusstsein hin. Entropie, es war ein physikalisches Gesetz. Das Gesetz der Natur. Es war alles ein kosmischer Witz, ohne Pointe. Hin und wieder hatte das Universum Schluckauf und die Verrückten bekamen Visionen. Er ging hinein und da saß eine Frau im mittleren Alter. Sie blickte kurz hoch und sah dann wieder auf ihre Glaskugel. Er legte einen Schein auf den

Tisch. Sie nahm ihn geflissentlich und ließ ihn in ihrem Ärmel verschwinden.
„Ich sehe Leid." Sagte sie.
„Ja das sehe ich aus." Das sehe ich jede Nacht.
„Schätzchen, nein du verstehst nicht. Das Leid geht von dir aus." Das hatte sie doch bestimmt nur aus dem Blauen heraus gesagt. Sie hatte ihn wahrscheinlich gesehen, wie er auf der gegenüberliegenden Seite eingetreten war und wusste um das Establishment Bescheid.
„Nein geht es nicht." Gab Moso zurück.
„Ich bin ein Krieger des Lichts."
„Solche Leute brauchen wir hier nicht. Wir sind eine kleine Insel voller Harmonie." gab sie zum Besten.
„Ach das ist doch bescheuert, eure Insel ist eine Made, die sich vom gesunden produzierenden Fleisch des Restes des Kontinents ernährt. Nichts mit Harmonie, nur Ausbeutung. Abschöpfung von Kapital das aus entfremdeter Arbeit entstanden ist."

Versuchte er wirklich mit einer Wahrsagerin zu argumentieren? Wähle deine Kämpfe und so. Er sollte zumindest versuchen, sich auf sie einzulassen. Die Dame saß da, mit hochgezogenen Augenbraunen.

„Erzähl mir von deinen Träumen."

Er machte erst Anstalten, innerlich fühlte er sich wie als ob ein Teil von ihm starb, wenn er von seinen Träumen erzählte, doch er erzählte ihr trotzdem von dem Floß. Dem ausgemergelten Fährmann. Fürchte dich nicht, Damaskus und ich bin hier. All das erzählte er ihr. Als er von den in sich verschlungen Ringen erzählte, wurde sie sichtlich unruhig.

„Ophanim" sagte sie und schaute in die Kugel.

„Ophanim. In deinem Traum gibt man dir Ophanim."

„Bist du christlich? Glaubst du an Gott? Dein Traum will dich zu ihm bekehren." Moso war gelangweilt. Was sollte das, warum war er überhaupt hier eingetreten. „Nein ich bin

nicht christlich, ich bin Atheist.“ Sie sah ihn scharf an und fauchte.
„Bist du das? Ein Atheist, der bei einer Wahrsagerin sitzt und sich die Träume deuten lässt? Ein Atheist. Mehr nicht, nur Materialismus“, sagte sie, stand auf und ging zu einem Schrank. Sie holte ein dickes Buch heraus. Der Umschlag war bestimmt 2 Zentimeter dick und aufwendig verziert. Sie blätterte eine Weile, bis sie fündig wurde. Dann legte sie ihm das Buch hin. Er sah eine Zeichnung eines Ringes der mit einem weiteren Ring in sich verschlungen war. Die Ringe beherbergten Augen auf ihrer Oberfläche. Wie in seinem Traum. Er las: “Das ist Ophanim, Ofan auch Galgalim genannt. Ein Engel aus der Vision des Ezekiel“. Wer war Ezekiel noch gleich? Hatte er einen christlichen Traum gehabt? Buch Enoch (61:10, 71:7), ein Engel der niemals schläft und den Thron Gottes bewacht? Auch die vielen Augen. Er schaute zu der Hellseherin auf, ein Horn prangte auf ihrem Kopf. Ein Ziegenauge auf der Nase. Er

schüttelte den Kopf. Nun waren auch Augen auf ihren Wangen und ein paar weitere Hörner wuchsen auf ihrer Stirn.
„Hör zu“, gab die Seherin zum Besten.
„Religion, Glaube, Kulte, sind alle gleich aufgebaut. Bewusstseinsstrukturen verlaufen immer gleich, haben aber verschiedene Kombinatoren. Es sind sich selbst reproduzierende Informationseinheiten. Memes, die als Erkennungsmerkmal fungieren. Seitdem wir Menschen unsere Stämme verlassen haben, die aus 150 Menschen bestanden suchen wir nach ihnen. Anstatt aneinander zu riechen und uns daran zu erkennen, kennen wir nur 130 Archetypen und ein, zwei Dutzend Menschen. Die Archetypen organisieren sich über Memetik. Ein Meme hilft Kooperation über die alten Strukturen von 150 Menschenaffen zu zerbrechen und öffnet uns die Welt der Archetypen. Ein Schädling aber könnte einfach ein Mem übernehmen und der größeren Gruppe schaden zufügen. Deswegen treten Meme in Gruppen auf,

sogenannten Memeplexen. Es ist kostspielig, Loyalität zu einem Memeplex zu signalisieren, ausgeglichen werden die Kosten durch den Zugang zu einer größeren Menschengruppe als 150 und deren Vertrauen, das in Ritualen, Aphorismen, Schlagwörtern und so weiter zum Ausdruck kommt. Ein Memebrunnen ist jemand, der bestehenden Meme aufnimmt und sie verändert weitergibt. Er lädt so die alten Geschichten, Rituale und Gesten mit neuer Lebensenergie auf. Wir Menschen wollen etwas Vertrautes aber auch etwas Neues. Die Linke Gehirnhälfte will Chaos und die andere Hälfte will Ordnung. Dazwischen liegt das, was wir Bedeutung nennen. Viele Menschen verkriechen sich aus Angst in der Ordnung oder aus Faulheit im Chaos. Doch nur wenige laufen die feine gerade Linie dazwischen. Nur wenige artikulieren die Geschichten der Alten. Die Geschichten der Alten, die Bilder wurden so oft wiederholt das sie sich in unser Unterbewusstsein eingebrannt haben. Wir haben primitive Ängste, wie vor Spinnen oder Schlangen. Ophanim, sind zwei Schlangen mit den Augen der Spinnen. Zumindest in Teilen, ergibt sich dieses Bild. Ophanim ist und bedeutet Gefahr. Er beschützt den Thron Gottes. Du möchtest ihn stürmen, du begehrst definitive Antworten, absolute Stadien. Es gibt keine Antworten, es gibt nur Zweifel im Nacken deiner Existenz und Memeplexorganisationsstrukturen, die dir die Illusion geben Teil eines großen Ganzen zu sein. Der Marxismus war so eine Struktur, mit dem Versprechen einer goldenen Zukunft und der Neuordnung der Hierarchien, die über tausende von Jahren gewachsen waren. Er nahm die Hierarchie, zerbrach sie und errichtet eine neues Kooperationsprinzip. Jeder der sich diesem Memeplex in den Weg stellte, wurde hinweggefegt. 100 Millionen Tote die kostspielig signalisierten, dass sie der neuen Ordnung nicht angehörten. Ophanim begegnet dir im Traum, weil du Teil dieses Memeplexes bist. Er will dich warnen, nur

Leid und Chaos warten auf dich, wenn du deinen Weg weiter gehst. Du musst umkehren. Du musst Buße tun. Vor allem aber musst du mir noch einen weiteren Schein geben, wenn du möchtest das ich weiterspreche.“ Moso schaute die Frau verdutzt an. Was zur Hölle war denn das? Trug er denn seine Politik auf der Brust oder was? Er schaute an sich runter. Ein Che Guevara T-Shirt, Gott war ihm das peinlich. Die Wahrsagerin, sah einfach nur das komodifizierte Antlitz von Che und gab ein paar Allgemeinplätzchen zum Besten, die sich tief anhörten aber nichtssagend waren. Er merkte gar nicht, wie oft er propagandistische Schlagwortwolken auskotzte, dass er Stramm Links war fiel jedem auf mit dem er sich auch nur fünf Minuten unterhielt. Der Memeplex des Marxismus lebte mietfrei in seinem Kopf. „Keine Miete pro Kopf“ ist eine Kondition in der die meisten Ideologien dahinvegetieren. Erst die Propaganda der Tat brachte Miete ein. Ein Memeplex konnte sich so besser

organisieren und materialisieren. In Strukturen und Institutionen vordringen. Reaktion und Gegenreaktion verursachen, die Erzählungen der alten Ordnung erschüttern und revolutionären Eifer hervorbringen. Die Menschen folgten dann den einzelnen Memes, die sich wie originelle Gedanken verkleideten, aber doch nur eine Kopie einer Kopie einer Kopie waren. Das Bewusstsein des Memeplexes war die nächste Stufe der Evolution. Wir gingen sie täglich, doch die meisten merken nicht einmal, dass sie stattfindet. Zu verloren sind sie im Bewusstseinsblickwinkel, der nur einen einzigen Memeplex als Ordnungseinheit zu lässt.
Er schüttelte den Kopf: „Nein Danke, sie haben mir bereits gut geholfen." Er stand auf und verließ den Schuppen. Was für ein Schuppen wahrlich, es stand Wasser auf dem Boden als er ging. Er hatte das Wasser, als er reinkam gar nicht bemerkt, aber das Haus von Madame Blavatsky brauchte dringend eine Renovierung. Was für eine

Verschwendung von Zeit und Ressourcen. Er hatte einen Plan, er würde das Leid der Menschen beenden und das hier waren nur Binsenweisheiten um ihn von seinem Vorhaben abzubringen. Armut, Hunger, Korruption, all das Leid in der Welt. Er würde es beenden und er hatte einen Plan. Er war der Krieger des Lichts, der ein neues Zeitalter anstoßen würde.

Als er eine Stunde später bei seiner Zielunterkunft ankam, fand er zunächst den Eingang nicht. Das Hotel war ein alter Bunker, ein Relikt aus dem zweiten Weltkrieg. Eine Frau öffnete die Tür, es war dieselbe Prozedur.
"Guten Tag, ich suche meinen entlaufenen Hund."
Zunächst drang das fahle Licht der Beleuchtung durch einen Spalt, dann wurde ihm die Tür geöffnet. Eine junge Frau saß mit ein paar Kerlen des selben Alters im Empfangsraum. Es war schwer zu sagen, ob es sich bei den männlichen Anwesenden um

Gäste oder Personal handelte. Genau genommen kann man die ganze Welt in Personal und Gäste aufteilen. Das Dasein der Gäste stand über dem Personal doch um Gast zu werden, warst du erstmal eine ganze Weile Personal und beherbergst einen Haufen Gäste oder deren abstrakte, Aufgaben die dir aufgetragen wurden. Ein Bankraub oder eine Bankgründung waren Abkürzungen, um auf der Gästeliste zu stehen.
"Hi ich bin Stella, deine Raumnummer ist die 23. Hier im Foyer ist immer jemand, falls du etwas brauchst. Ich weiß ja nicht, was du gemacht hast, aber falls du nicht in die Stadt kannst, können wir Einkäufe für dich erledigen. Das kostet dich aber was. Irgendwelche Fragen?"
Moso antwortete kurz und knapp mit einem: "Nein."
"Falls du irgendwelche Waffen bei der haben solltest, gibst du sie hier im Foyer ab. Solltest du gegen diese Regel verstoßen, steckst du in

Schwierigkeiten. Wenn du gehst kannst du deine Waffe wiederhaben."
Moso: „Ich bin unbewaffnet."
Einer der jungen Männer stand auf und vermittelte Moso mit ein paar Handzeichen das er ihn durchsuchen wollte. Moso ließ die Durchsuchung über sich ergehen, währenddessen hinterfragte er, ob es wirklich klug gewesen war, hier abzusteigen. War überhaupt irgendetwas von dem, was er tat klug? Da war er wieder, der allgegenwärtige Logozentrismus. Er fiel über ihn her wie ein wildes Tier und sog ihm die Menschlichkeit aus der Seele. Er hatte einen Plan, den er umzusetzen hatte. Keine Verhandlungen, keine Zweifel, keine Spitzen in Form von Worthülsen würden ihn davon abbringen das Richtige zu tun. Das Finanzkapital zerschlagen, den Menschen eine neue Freiheit schenken. Genau genommen wäre es doch der trostlosteste aller Gedanken, dass das jetzige System die Krone der Schöpfung darstellte. Die beste Ordnung war, die der Mensch sich zu geben

vermochte. Nein. Das kann es nicht gewesen sein. Moso sah sich selber in dem Raum stehen, einer den jungen Männern war aufgestanden und nahm eine Feuerwehraxt aus der Wand. Moso sah sich selber mit Stella sprechen und der junge Man ging in Zeitlupe auf ihn zu. Er holte aus und die Axt krachte auf seinen Schädel. Blut spritzte und er ging zu Boden.
„Das war für die Stewardess. Perverser Bastard.“
Moso schüttelte den Kopf.
"Du siehst anders aus als die anderen. Ich hoffe, dass das keinen Ärger bringt." sagte Stella, als sie ihm den Schlüssel gab.
Die Treppen waren verschlissen, scheinbar gab es dieses Hotel schon lange. Der Stein war weich getreten. Sein Zimmer lag mindestens 3 Stockwerke unterhalb der Erde. 800€ für ein Kellerraum, dessen Decke mit Schimmel bedeckt war. Da hätte er auch auf der Straße schlafen können.
Zumindest bis es kälter geworden wäre. Aber er brauchte die neuen Papiere. Eine Uhr an

der Wand verriet ihm die Uhrzeit, es war 2:19. Er legte sich auf das Bett und schlief ein.

"3 Jahre sind noch vergangen seitdem sie ihre Bank eröffnet haben." der Journalist, blickte kurz in seine Notizen.
"3 Jahre schon? Mir kommt es vor wie 3 Wochen. Die Zeit vergeht so schnell, wenn man viel beschäftigt ist." Moso sah müde aus, als er das sagte.
"Von allen Akteuren die ihre Fußspuren in der Geschichte hinterließen, scheinen Sie die polarisierendste zu sein. Viele hassen Sie, für das was sie getan haben. Viele verglichen Sie sogar mit Gandhi und anderen Helden der Geschichte."

"Ehrlich gesagt mag ich den Kult um meine Figur nicht, was habe ich schon gemacht? Ich habe den Menschen einen Weg aufgezeigt, der es Wert ist gegangen zu werden. Ich habe sie aus ihrer selbstverschuldeten

Unmündigkeit entlassen. Mehr tat ich nicht."
Moso nahm ein Schluck Wasser.
"Sehen sie das ist bereits ein streitwürdiger Punkt, sie haben in monatelanger Arbeit die Öffentlichkeit zu einer Diskussion getrieben, die längst überfällig war. Jedoch wurde die Diskussion auf ihre Initiative hin angeheizt. Sie haben die Diskussion orchestriert oder besser gesagt manipuliert."
Moso: "Ja und was ist damit?"
"Manche halten ihre Methoden für ethisch untragbar. Sie kauften massiv Musik-, Buch- und Filmtitel mit gesellschaftskritischen Inhalten, viele dieser Titel waren bereits vorher berühmt, doch Sie verhalfen vielen unbekannten Künstlern zu einem großen Publikum. Kurz gesagt: Manipulation der Charts. Manipulation der Aufmerksamkeit der Gesellschaft. Die Nachrichten im Fernsehen und in Zeitungen die Sie gekauft haben, arbeiteten Ihnen ebenfalls zu. Sie überzogen die Länder Europas mit Verfassungsklagen und einer Welle von Gesellschaftskritik, die unsere Art zu leben

über den Haufen geworfen hat. Eine ihre Klagen berief sich - nur als Beispiel in - Deutschland darauf, dass es streng genommen illegal sei Steuern zu zahlen."
der Journalist hörte auf zu sprechen. Moso deutete mit einer Geste an das Wort ergreifen zu wollen.
"Ja das habe ich, obendrauf habe ich Anzeigen geschaltet, in denen Hilfe angeboten wurde, wie man Konten in Steueroasen eröffnet. Mit genügend Druckpunkten kommt jedes System durcheinander. Gleiches Recht für alle, damit nicht nur die Oberschicht und ein Teil des Mittelstands in den Genuss von Finanzprodukten kommt, die dazu dienen, dem Staat keinen müden Euro abdrücken zu müssen."
"Hatten sie keine Angst vor einer blutigen Revolution? Offenkundig diente diese Strategie dazu, den Zorn des Volkes anzuheizen."
"Nein ich hatte keine Angst, vor eskalierender Gewalt.“ Der Journalist

unterbrach ihn. „Noch weiter eskalierend? Es gab Gewalt, aber für Sie war es scheinbar noch nicht genug?“ Moso setzte fort: „Der Großteil der Demonstranten der am T-Day und in den Wochen davor die Straßen blockierte, waren Mitarbeiter meiner Stiftungen. Sie waren alle strikt unterwiesen, keine Gewalt aufkommen zu lassen und mit der Polizei zusammen zu arbeiten."
"T-Day, wird von einem Teil der Bevölkerung als Taxiation-Day verstanden. Der Tag, an dem alle illegalen Gelder die in Steueroasen lagen besteuert wurden, der Befreiungsschlag gegen die Herrschaft des Finanzkapitals. Der Name erinnert an die Offensive die Europa half, sich von Nazi-Deutschland zu befreien. Ein anderer Teil der Bevölkerung wehrt sich gegen diesen Begriff, sie nennen es euphemistisch, und warfen Ihnen vor, Sie nutzen den Befreiungsschlag der Alliierten, um für den T-Day ebenfalls positive Assoziationen zu wecken. Was ging ihnen durch den Kopf, als sie ihr Vorhaben T-Day nannten?" der Journalist, bemühte sich

keine Partei zu ergreifen, das merkte man ihm sichtlich an raunte Moso sarkastisch aber unhörbar vor sich hin.
"In den Steueroasen der Welt lagen je nach Schätzung 21 bis 31 Billionen € an unversteuertem Reichtum, zum selben Zeitpunkt gab es etwa 40 Billionen Euro Staatsschulden. Viele Staaten gaben nach der großen Finanzkrise mehr als 50% ihres Haushalts für den Schuldendienst aus. Eine Umverteilung von Arm nach Reich. Die Steuerkürzungen betrafen meistens Bildung, Entwicklungshilfe und Sozialdienste. Meiner Meinung nach ist die Verschleierung von Vermögen eine menschenverachtende Praktik, die indirekt für den Tod von Menschen verantwortlich ist. Sei es nun durch unterbesetzte Krankenhäuser, einer Jugend die der Chance auf umfassende Bildung beraubt wird oder Entwicklungshilfe, die den längst den überflüssigen Hungertod hätte abschaffen können. Diese Mörder hätte ich gerne für vogelfrei erklärt, habe ich aber nicht. Kooperation und

Beschlagnahmung von Vermögen reichte aus." Moso sah den Journalisten kühl an und fügte hinzu: „Ideen haben Konsequenzen, Sie wissen schon. Und Menschen haben keine Ideen, sondern Ideen haben Menschen. Ich habe nur dafür gesorgt das Gerechtigkeit wieder großgeschrieben wird.“
"Das ist ein etwas harscher Vergleich und auch etwas weit hergeholt."
"Wenn sie Vermögen besitzen, das nicht ordnungsgemäß versteuert wird, bestraft der Staat automatisch Menschen dafür. Es ist ein einfacher Mechanismus, wie in einer Uhr. Es sind die Menschen, die sie kaum zu Gesicht bekommen, deswegen stört es Sie nicht weiter. Wenn Sie ihrem Kind das Essen wegnehmen, haben sie Hemmungen das zu tun. Wenn sie ein Bankkonto in einer Steueroase eröffnen, fällt es schwer sich einzugestehen, dass sie einem Kind genauso das Essen wegnehmen. ABER WARUM STÖRT SIE DAS NICHT?"
"Ihrer Schlussfolgerung nach entstand der Name T-Day also in Gedenken an den

Feldzug gegen das menschenverachtende nationalsozialistische Regime? Sehen Sie, das ist der Punkt, der einem Teil der Bevölkerung nicht in den Kopf gehen will, was hat Steuern sparen mit Massenmord zu tun?"
"Leugnen sie etwa, dass sich die Welt zum Besseren verändert hat? Die Weltgesundheitsorganisation verzeichnet einen Rückgang der weltweit hungernden Menschen, von einer Milliarde auf 300 Millionen. Geld, das vorher für Schuldendienst aufgebraucht wurde, wird nun verwendet um Chancengleichheit in den Schulen anzubieten. Sie kennen die Statistiken, wie stark das Bildungssystem abhängig von sozialer Herkunft Abschlüsse vergeben hat." Moso verlor seine Geduld. Er hatte diese Fragen in den vergangenen Jahren so oft beantwortet. Jedes Mal, wenn ein paar Monate verstrichen waren und neue Zahlen und Statistiken zur Verfügung standen, die halfen die Folgen seines Handelns zu analysieren, wurden die Kritiker

weniger. Doch einen der wenigen Kritiker saß hier noch vor ihm, manchmal machte es ihm Spaß, wenn ein Kritiker gut vorbereitet war. Dieser war es nicht, es waren dieselben polemischen und wiederholenden Fragen, wie damals, direkt nach dem T-Day. Ausgeglichen waren nur die ersten Fragen gewesen.

"Wir kommen hier zu weit in eine ideologische Richtung. Ich stelle meine Frage anderes: Fühlen sie sich nicht schuldig mit illegalen Machenschaften der Welt ihren Willen aufgezwungen zu haben?", sagte der Journalist. Moso schnaufte. "Hören sie zu: Ja ich habe meinem alten Arbeitgeber Geld gestohlen. Ein dreiviertel Jahr später habe ich ihm das Geld samt Zins und Zinses Zins zurückerstattet. Es war eine unfreiwillige Investition seinerseits, das stimmt und dafür bekenne ich mich schuldig." Moso sprach während er sich alle Mühe gab, nicht gelangweilt, auszusehen.

"Das habe nicht gefragt, dieses Verbrechen haben Sie bereits gestanden. Meine Frage

lautete fühlen Sie sich nicht schuldig der Welt ihren Willen aufgezwungen zu haben?"
Der Journalist ließ nicht locker, was sollte das ganze überhaupt? Warum saß er hier und spielte Fragespielchen mit jemandem, der ihn sowieso vorverurteilte.
Von wegen moralischer Überlegenheit, dieser Anzug konnte ihn mal kreuzweise!
"Wenn sie meinen, ob ich mich schuldig fühle, die beste Lobbyarbeit die es je gab abgeliefert zu haben für einen Kapitalismus mit menschlichem Gesicht? Ich habe die Menschheit gegen jeden verteidigt, der sie dumm und schlecht nannte. Ja ich fühle mich schuldig, den Menschen ein besseres Leben und eine sichere Zukunft aufgezwungen zu haben. Belassen wir es für heute dabei."
"Hat mich gefreut, sie hier in unserem Studio interviewen zu dürfen."
Ein Summen war zu hören, dass schnell höher und lauter wurde und seinen Höhepunkt in einem Knall fand. Die Luft glitzerte. Feine Glasscherben regneten auf den Journalisten und Moso herab. Eine der

Lampen im Studio schien einen Defekt zu haben. Sie war zersprungen. Die restlichen Scheinwerfer brachen ihr Licht in den Scherben. Alles war grell.

Moso schreckte auf, es roch muffig. Er war eingeschlafen und hatte wohl vergessen das Licht auszumachen, bevor er sich schlafen gelegt hatte. Er knipste das Schreibtischlicht an, er war im Bunker und der Boden voller Glasscherben der durchgebrannten Deckenbeleuchtung. Kein Interview, niemand würde sich aktuell für seine Lage interessieren. Außer vielleicht sein alter Arbeitgeber,
vielleicht die Staatsanwaltschaft. Seine Welt war zusammengeschrumpft: Ein Feldbett, ein Spind, ein Waschbecken, ein kleiner Schreibtisch und die Kleider an seinem Leib. Und der Traum von einer besseren Welt.

Moso konnte nicht mehr einschlafen. Es war 5 Uhr morgens, er ging die Treppen des Bunkers hinauf. Es war wohl Schichtwechsel,

im Foyer lungerten ein paar andere Gesellen herum als noch gestern Abend, auch von Stella war nichts zu sehen.
Gonzo erblickt an einer der Wände eine Videokamera. Keiner machte sich die Mühe ihn anzublicken, auf der Treppe hatte er noch Lachen gehört. Jetzt schwieg diese Truppe, war die alte Frau ihr Anführer? Wo war er hier gelandet?
Er verließ den Bunker und stand auf der Straße, er hatte einen Fußweg von etwa einer halben Stunde vor sich. In der Innenstadt konnte er dann die öffentlichen Verkehrsmittel nehmen, er brauchte Zugang zum Internet. Direktüberweisung hieß das Zauberwort, er lächelte als er sich eine Zigarette anzündete. Er schlenderte die Schotterstraße entlang, er hatte wichtiges zu tun, doch er kannte die Öffnungszeiten nicht, also machte er keine Anstalten, sich zu beeilen.
Die ersten Sonnenstrahlen blendeten ihn, er beschloss sich auf einer nahe gelegen Bank hinzusetzen und dem Sonnenaufgang

zuzuschauen. Der Himmel glühte. JE mehr Feinstaubpartikel in der Atmosphäre schweben, desto schöner wird der Sonnenaufgang. Er wird im wahrsten Sinne des Wortes atemberaubend. Smog ermordet den Himmel, während er leise ausblutet, schauen wir lächelnd zu und ein Gefühl von Frieden macht sich in uns breit. Der Gedanke kam ihm vor wie eine Kopie. Eine Kopie von einer Kopie einer Kopie. Wie oft hatte er nun schon über den Smog nachgedacht? Wie oft dachten andere darüber nach? Wie oft änderte sich nichts.

Er ging weiter, er hatte so viel zu erledigen, dass er am liebsten in seinem Bunker liegen geblieben wäre. Er war kaputt, die letzten Tage waren wie eine Achterbahnfahrt gewesen. Doch er war dankbar, auch wenn er litt und er wollte keine unerledigten Dinge vor sich herschieben, das belastet nur. Sein Unterbewusstsein schien sich sowieso schon kaum mit seiner Existenz in diesem Schweinesystem abfinden zu können, da musste er nicht noch oben drauf unerledigte Aufgaben sammeln. Als er im Internetcafé ankam, hatte er keine Lust dem Besitzer ein paar Scheine hin zu strecken um ein paar Extra Anwendung zu installieren. Anwender durften keine Programme installieren, so schob er seinen USB-Stick in einen der Schlitze. 3-mal drehte er ihn um, bis er steckte. Kaum zu glauben was heute möglich war, der USB Stick beherbergte die abgespeckte Version eines Betriebssystems, das für Anonymisierung zurecht geschnitten war. .

20 Minuten später rief er das erste Onlinebanking-Interface auf. 22 Minuten später das zweite, es verstrichen wieder ein paar Minuten und die dritte Transaktion war getätigt. Kaum zu glauben das man in einem 3 Schritte Programm mit ein wenig Vorbereitung seinen Arbeitgeber um 2.300.000, - € erleichtern konnte und das mit verschleierten Spuren.

Auf die Idee hätte er mal schon früher kommen sollen, das hätte ihm einiges an

Ärger erspart. Er hatte ein paar Dokumente vorgefertigt, die er ausdruckte. Er war wieder Personal und ging im Eilschritt Richtung Gast sein.

Seine Mundwinkel verschoben sich nach oben, ein bisschen Revolutionäres Taschengeld, sind ein dreiviertel Zentimeter nach oben. Eigentlich könnte er damit auch nach Bali fliegen und die Füße hochlegen. Das würde ihn aber zu einem gewöhnlichen Verbrecher degradieren. Er hatte eine Mission.
Nein, Moso war kein gewöhnlicher Verbrecher. Er stand auf und nahm seine Ausdrucke, als er an der Theke zahlte, schien der Kassierer nicht gerade begeistert von seiner Frage zu sein: "Was würden sie mit 1 Million Euro machen?"
"Ich würde jemanden einstellen, der sich ihr dummes Geschwätz anhört." sagte er, während er eine Augenbraue hochzog, er deutete ein Lachen an.

Moso lachte ebenfalls: "Dumme Frage, ich weiß."

Er verließ den Laden und machte sich auf zur nächstgelegenen Bank. Laut Karte waren es nur fünf Geh-Minuten. Wieso hatte er überhaupt eine neue Karte gekauft? Es erstaunte ihn wie diskret man hier mit Vermögenden umgeht, er zeigte die richtigen Papiere vor, aber keinen Ausweis und ein paar Minuten später stand er mit einer Geldtasche und 25.000 Euro Bargeld auf der Straße. Er wollte gut essen gehen und eine 400 Euro Flasche Rotwein mit billiger Cola mischen, aber er machte sich auf den Weg zu der alten Frau.

Welcher Tag war heute überhaupt? Wann hätte er noch mal kommen sollen? Diese Fragen gingen ihm erst durch den Kopf, als er vor der Tür stand. Er war ein wenig desorientiert. Der Boden vibrierte, war das ein Erdbeben? Seine Knöchel schmerzten als er gegen die Tür klopfte. Der Spalt ging auf.

"Guten Tag, ich suche meinen entlaufenen Hund."
Die Tür schloss sich und wurde gleich darauf wieder geöffnet. Er trat ein. Die alte Frau war nicht da, dafür lächelte in Stella an. Sie waren allein.
"Wo sind die Schränke?"
"Essen im Nebenraum, was ich auch gerne tun würde." während Stella das sagte, hörte er wie eine der Kamera surrte, als sich neu ausrichtete.
"Ja, verzeih die Störung, ich hatte mit der alten Frau besprochen das ich Papiere und Unterkunft für 4 Wochen brauche."
Wusste sie davon oder nicht, schoss es Moso durch den Kopf.
"Ja und?" fragte Stella.
"Hier ist das Geld, 5.000€" ihre Antwort stimmte ihn nicht wirklich sicher, sein Vertrauen, dass er hier an der richtigen Adresse gelandet war, schien langsam aufgebraucht zu sein.
Stella nahm das Geld und fing an zu zählen. Ohne ihn noch einmal anzuschauen sagte sie:

"Du kannst dich auf das Sofa im Nebenraum, setzen."
Sie nickte nach rechts, während sie einen Schalter drückte. Eine Tür in der Wand sprang auf und er ging hindurch. Der Nebenraum war spärlich eingerichtet, ein Sofa, eine Kamera auf einem Stativ, ein kleiner Tisch und ein Laptop der surrte. Moso nahm auf dem Sofa Platz. Es war tatsächlich gemütlich, doch er konnte sich hier nicht entspannen. Was waren das für Umstände, wo war er da hineingeraten. War es das wert? Ein Sprung in die Schleuse und er hätte seine Ruhe gehabt, aber das hier? Vielleicht verkaufen mich an ein Chemiewaffenlabor, als menschliches Versuchskaninchen. Vorher pressten sie noch alles Geld, was er besaß aus ihm heraus.
Dieser Gedankengang half nicht wirklich, sich zu entspannen. An einer der Wände war die Tapete aufgerissen. Das Blumenmuster war an dieser Stelle von ein paar Kratzern zerschnitten. Das könnten die Spuren eines Kampfs sein, Fingernägel, die als letztes

Zeugnis Spuren eines vergangenen Lebens preisgaben.
Vielleicht hatte die Person nicht genügend Geld gehabt oder es war gefälscht. Hör auf damit Moso, vielleicht hat man sich beim Möbeltransport auch nur dumm angestellt und niemanden kümmerte es, den Riss in der Tapete zu beseitigen.
Stella kam herein. Sie lächelte warm: "Entspann dich Richard.“

Moso stank es alle benahmen sich, hier so verdammt geheimnisvoll, dabei waren es ganz gewöhnliche Kriminelle, nichts weiter. Einen Pass ausstellen und eine Weile Untertauchen organisieren, das war alles was sie konnten.
Moso sagte nur ein Wort, doch man hörte das er fragte: "Richard?"
"Richard Slater, das ist dein neuer Name. Zumindest wird das in deinen Papieren stehen." sagte sie, während sie eine Leinwand herunterzog. Daher kamen die Spuren an der Wand.

"Knie dich bitte vor die Leinwand." Sie zeigte auf eine markierte Stelle am Boden.
"Geht klar, Stella."
Blitze schossen, einmal, zweimal. Das war es auch schon. Eigentlich war er ein menschliches Versuchskaninchen, dessen Leben für ein Experiment auch geopfert werden kann. Finanzexperimente vorzugsweise, radioaktive Strahlung und Pocken, wenn es denn sein muss.
Der Versuchsleiter Richard Slater.

Stella sagte: "Du kannst die Papiere in ein paar Stunden abholen."
"Um ehrlich zu sein, wäre es mir lieber hier zu warten. Ich habe keine Lust, mich wegen einer zufälligen Personenkontrolle ins Gefängnis werfen zu lassen."
"Du kannst in den Bunker." Stella schien das wohl nicht oft hören. Dabei war es doch ein vernünftiger Einwand.
"Hör mal Stella, deine Schränke sitzen hier Nebenraum und essen. Ich lade euch alle ein,

wenn ich ein Bissen abhaben kann und hier warten kann, bis die Papiere fertig sind."
Stella verzog eine Augenbraue und schaute Richard skeptisch an, der ihr einen 100€ Schein vor die Nase hielt.
"Du bist anders." Und wieder sprach jemand in Rätseln, Richard war es leid. Richard, Moso, Gonzo, Herr Herrhausen, wie viele Namen denn noch? Wie viele Dimensionen solle dieses Leben denn noch bekommen, bevor ich endlich schlafen kann?
"Ich bin nicht anders, ich bin hungrig und ich habe keine Ahnung wo ich hinsoll, der Bunker scheint auch nur ein Bunker zu sein. Liefert da der Pizza-Service hin?" Moso gab sich Mühe einen ruhigen Kopf zu bewahren. Sein Herz schlug unregelmäßig.
"Mach Sachen, die Jungs haben Pizza bestellt. Das tun wir sonst nie, ich hol uns eine. Meine Schicht endet eh in einer Viertelstunde." er schaute Stella hinter her, ihre Jeans war verschlissen und am Oberschenkel war sie leicht aufgeplatzt. War sie die Tochter der alten Frau?

Stella kam nach einer Ewigkeit wieder, man hätte auch 5 Minuten sagen können, doch Richard fühlte sich hier nicht wohl. So verstrich die Zeit nicht in Filmminuten oder Barminuten, sie verstrich in Arbeitsminuten oder Steuerprüfungsbesprechungsminuten. Sie hatte einen Karton mit Pizza und sprudelndes Zuckerwasser dabei.
"Hör mal, ich habe hier schon vielen Leuten geholfen, aber einer wie du, ist mir hier noch nie untergekommen."
Stella öffnete den Karton und die lauwarme Pizza dampfte tatsächlich noch ein wenig. Pizza war immer lauwarm, egal wo er sich befand. Nie gab es heiße Pizza.
"Ich habe keine Ahnung wovon du sprichst und ich habe Hunger." Richard nahm sich ein Stück, Käsefäden wurden so langgezogen das sie rissen, bevor er seinen Satz beendete.
"Hör mal Richard oder soll ich dich Herr Slater nennen?" Richard rollte als Antwort nur mit den Augen.
"Also Richard, normalerweise sind wir hier der letzte Strohhalm, der ergriffen wird.

Wenn Menschen kurz vor dem Ertrinken sind, unternehmen sie alles um nicht abzusaufen.“ Ja, ja Mädchen noch niemand ist extra tief getaucht, wenn er am absaufen war, so etwas gibt es in deiner Welt nicht. Deswegen sehe ich in deinen Augen auch anders aus. Ich bin der Taucher. Ich bin der Krieger des Lichts, der unter Wasser seine Bahnen zieht. „Wenn es Menschen so ergeht, sieht man das an ihren Augen, sie sind glasig und leer. Sie haben keinen Plan und wissen nicht, was sie wollen, außer eben nicht zu ertrinken." Moso griff nach einem zweiten Stück und hörte zu ohne Stella anzuschauen.

"Du hingegen hast einen Plan. Deine Augen sind nicht leer, sie sind starr gerichtet, auf was weiß ich nicht, aber sie funkeln. Sie sind fixiert.“ Ich sollte dich fixieren, ging es ihm durch den Kopf. „Du weißt genau was du tust und das sieht man nicht so oft, schon gar nicht hier." sie strich während sie das sagte eine Strähne hinter das Ohr. Moso, raunte das einem Gonzo so etwas wohl nicht gesagt

worden wäre. Gonzo, gab zurück das ohne einen Gonzo keinen Moso und schon recht keinen Richard geben würde.
Richard war den Tränen nahe, er schaute Stella an und kniff die Augen zusammen: "Ich sollte jetzt wohl danke sagen?"
Stella war sichtlich enttäuscht, sie verbarg es kaum als sie antworte: "Ja das solltest du, was auch immer. Meine Schicht ist rum, man sieht sich." Die Träne kam wohl nicht so gut an. Was hatten diese Weiber immer zu. Er hatte doch den Moment getroffen oder etwa nicht? Sein alter Jugendfreund Kevin würde wohl von Framecontrol sprechen.
"Warte Stella, wie lang wird es dauern bis die Papiere fertig sind?"
“Vier bis fünf Stunden"
"Kann ich so lange hier auf dem Sofa schlafen?"
"Mach das, ich komme später wieder."
Stella ging zur Tür hinaus, Moso schaute ihr nach. Er starrte ihr auf den Hintern und fragte sich, was sie getan hatte, um an einem solchen Ort zu arbeiten. Sie musste einsam

sein oder war sie einfach eine Person, die offen aussprach, was ihr durch den Kopf ging? Er hatte keinen vernünftigen Grund ihr zu trauen, allerdings blieb ihm hier auch nicht viel übrig, als blind zu glauben. Zwei weitere Pizzastücke später lehnte Richard seinen Kopf zurück. Ein paar Augenblicke später war er eingeschlafen.

Die Tür sprang auf und Richard war mit dem Knall, den die Tür machte, als sie eine Delle in die Wand rammte, hellwach. Zwei Männer mit Gasmasken und Schlagstöcken kamen herein, bevor Richard reagieren konnte war es wieder schwarz um ihn. Sein Kopf dröhnte. Sein Verstand trieb in der Bewusstlosigkeit.
Als er die Augen aufmachte, war die Decke alles, was er sehen konnte.
Seine Augenlider und seine Gedanken, das war alles was unter seinem Einfluss stand. Nicht, dass er nicht versucht hätte sich zu bewegen, aber er war fixiert. Er spürte Leder an Beinen, Armen, Brust und Kopf. Er hatte

jegliche Kontrolle verloren und das wahrscheinlich schon vor Jahren. Er wollte schreien. Doch er konnte nicht, seine Stimmbänder versagten. Er bekam gerade noch den Mund geöffnet, doch Ausdruck verschaffte er sich nur durch eine Fratze. Kein Ton, nur ein grotesk verzehrtes Gesicht und ein Atemhauch. Wo er war? Was ist passiert? Warum war hier?
"Hier sind die Papiere", welche Papiere? Füllen sie das aus und er gehört ihnen, falls er sich für das Experiment eignet. Es raschelte. Das Wenige,was er aus dem Augenwinkel erkennen konnte, ein Schrank, eine Wand, eine flackernde Neonlampe verschwand. War das ein Verhörraum? Eine Psychiatrie? Oder ein Labor? Nicht, dass er besonders viel gesehen hatte, doch auch dieses Wenige verschwamm und trieb kurz darauf wieder in der Bewusstlosigkeit umher.

Als Richard auf dem Sofa wieder aufwachte, hatte er eine Gänsehaut. “Diese Scheiß

Träumerei“, sprach er vor sich hin. Der Boden vibrierte, gab es hier Züge? Oder wurde die Insel von einem zweiten Erdbeben erschüttert? Ein nahegelegener Kugelschreiber und eine unbenutzte Serviette halfen ihm zu schreiben. Es ordnete die Gedanken, brachte den Plan zurück in sein Bewusstsein. Machte ihn greifbarer, warum, wieso nur, träumte er immer so einen Dreck? Was war mit der Stewardness? Dem Hund? Er wollte dass das alles aufhörte.

Er schrieb in großen Buchstaben auf die Serviette:

„Testament

Alle weltlichen Besitztümer welche mit Richard Slater assoziiert werden, werden kapitalisiert und zur Gründung der Slater-Stiftung verwendet. Die Slater-Stiftung hat zum Zweck durch 1. Lobbyarbeit, 2. Pressearbeit, 3. Informationsarbeit sowie 4.

eines Heeres von Berufsdemonstranten, Gerechtigkeit herzustellen." Er blickte auf „Ich hätte auch Kulturmarxismus schreiben können, aber das versteht wieder niemand." Er schrieb weiter:

„Diese Gerechtigkeit drückt sich in erster Linie durch das abschaffen von Steueroasen aus. In zweiter Linie in der Zerschlagung des industriell-finanzkapitalistischen Systems. Zunächst müssen entsprechende Gesetzesentwürfe vorbereitet werden, als nächstes wird die Aufmerksamkeit medialer Berichterstattung auf das Thema gelenkt. Informationsarbeit ist dahingehend zu verstehen, dass die Bevölkerung aufgeklärt wird welche katastrophalen Folgen Steuerunehrlichkeit und Großkapital haben. Nachdem das Thema deutlich in das Bewusstsein von Staat und Bevölkerung vorgedrungen ist, wird ein Heer von Berufsdemonstranten auf alle Hauptstädte Europas losgelassen, welches die Städte lahmlegen wird. Deren Gehalt wird aus Steueroasen gespeist, um die

Demonstranten loszuwerden müssen Steueroasen trockengelegt werden. Was gleichzeitig auch die Forderung ist. So oder so bekommt die Slater-Stiftung was sie will. Die Bevölkerung wird in die Proteste mit eintreten und wir werden gemeinsam die Steueroasen abschaffen. Illegaler Reichtum wird zu 100% versteuert, die geschätzten Einnahmen von 21-31 Billionen Euro werden vollständig zur Staatsschuldentilgung verwendet. Sollte die Schwarzzahl, was zu erwarten ist, höher liegen, werden mit dem überschüssigen Geldern die Millennium-Ziele der Vereinten Nationen unterstützt.“

Für einen kurzen Augenblick wurde ihm die Banalität der Situation bewusst, er hatte weder Geld noch war eine Serviette ein angemessenes Stück Papier für ein Testament. Er hatte nur die Aussicht auf Reichtum, aber genau genommen besaß er gar nichts. Doch fürs Erste sollte es reichen, falls ihm etwas zustoßen sollte. Bis er etwas Besseres aufgesetzt hatte. Wenn sie ihn aufhalten wollen würden, und das wollten sie bestimmt. Auch wenn er nur aus dem Grab heraus würde regieren können, wie die alten Traditionen, die den Menschen vorschrieben wie sie zu sein hätten, er würde der Welt seinen Willen aufdrängen.

Stella kam zur Tür herein, ihr Lächeln liess den Raum weniger düster erscheinen. Es war hell und warm. "Richard Slater, präge dir alle diese Daten gut ein. Wenn dich jemand nach deinem Geburtsort frägt, musst du das wissen. Wenn dich jemand nach irgendeinem Detail fragt musst es wissen." sie hielt Richard eine Mappe vor die Nase. Geburtsurkunde, Pass, Ausweis, Sozialversicherung, alles was du brauchst.
"Ich bin Portugiese?" Richard schaute verdutzt.
"Ja, du bist Portugiese, hast du damit ein Problem? Wärst du lieber ein Engländer?"
"Nein, aber wäre es möglich?" fragte Richard irritiert während er die Serviette zusammenfaltete.

"Nein ist es nicht, das Leben ist kein Wunschkonzert und du bist hier auch auf keinem Ponyhof gelandet."
"Ja ja ist ja schon gut, Portugal ist super. Ich will auch gar kein Engländer sein." Richard war diese Diskussion zu dumm.
"Hast du was gegen Engländer?" Stella war todernst.
"Nein, nein wieso kommst du darauf."
Richard war die Sache unangenehm.
Stella warf den Kopf in den Nacken und lachte lauthals.
Er begriff, er begriff langsam.
"Ha ha, sehr witzig."
Er öffnete genervt den Umschlag.

Schon merkwürdig, dass er langsam wieder lachen lernte, während er auf der Flucht war und eine neue Identität annahm. Während er Moso wurde und Gonzo sterben ließ. In seinem alten Job waren Wochen, manchmal sogar ein Monat vergangen in denen er nicht lachen konnte.

Richard legt den Kopf auf schräg: "Du Stella, über das Wochenende habe ich viel zu tun. Aber willst du mir vielleicht am Freitag ein wenig Gesellschaft leisten?"
"Was hast du vor?"
"Ich will vor dem Bunker sitzen und ein paar Bier trinken, alleine ziemt sich das nicht."
Hatte er sie nach einem Date gefragt, schoss es ihm durch den Kopf oder wollte er nur Gesellschaft beim Trinken?
"Ja klar, da hab ich Schicht, bin da sowieso da." hatte er mich nach einem Date gefragt schoss es ihr durch den Kopf oder wollte er nur Gesellschaft beim Trinken?
"Ich kenne hier niemanden, ein wenig Gesellschaft braucht jeder." Richard sammelte die Dokumente wieder zusammen und verstaute sie in der Mappe
"Ja das kenn ich." Stella lächelte.
„Ich muss dann los, hab ein paar Erledigungen abzuarbeiten. Wir sehen uns Sonntag."
„Freitag, du hast Freitag gesagt."
„Ja, ja bis Freitag."

Als Richard wieder im Vorraum stand, lächelte er Stella kurz an und ging zur Tür hinaus. Der ganze Schuppen schien nicht mehr so angsteinflößend zu sein. Aber warum? Er kannte diese Frau nicht, eigentlich hatte er keinen Grund seinen ersten Eindruck über den Haufen zu werfen. Nur die Paranoiden überleben. Viele Brocken Zweifel sind das was einen erfolgreichen Überlebenskampf ausmacht, ein Fehler und ein Raubtier zerreißt dich. 1000 Zweifel und du kommst gut über die Runden.
Die Straße vor dem Haus war nass. Zwischen ein paar Wolken kämpfte sich die Sonne durch und der erdige Geruch von Regen lag in der Luft. Er ging Richtung Stadtzentrum, er brauchte ein Konto, einen Laptop und ein Mobiltelefon. Außerdem eine Liste mit allen Buchhaltern und Rechtsanwälten der Stadt, er hatte Großes vor und brauchte ein paar Zahlenschubser und Rechtsverdreher an seiner Seite.

"Ich bin Richard Slater, ich bin Richard Slater, ich bin Richard Slater", murmelte Moso vor sich hin als er Richtung Stadtmitte lief. Er ging in den nächstbesten Supermarkt, den er fand und kaufte sich eine Flasche Wodka und eine Packung John Player Chanceless. Die Stange die er gekauft hatte war noch in seinem Gepäck, sein Gepäck war im Hotel "Royal" oder wie dieses Hotel noch hieß. Er brauchte jemanden der es abholt, nicht jemanden. Stella würde es für ihn abholen. Er brauchte einen Laptop. Er brauchte eine Pause von seinem Verstand.

Eine Straße vom Supermarkt entfernt stand eine Bank, er setzte sich und es knackte als er den Verschluss der Wodka-Flasche aufdrehte. Er nahm einen Schluck. Er nahm einen zweiten Schluck. Beim dritten Schluck schüttelte er sich und begann zu würgen. Es war 10 Uhr morgens nicht gerade die Zeit sich einem Voll-Suff hinzugeben. Andererseits: Was hatte er zu verlieren?

Nach dem er eine Zigarette herausgefischt hatte, liess er sein Feuerzeug knistern und atmete den Rauch der Zigarette tief ein. Das vertrieb die Übelkeit, die der
Schnaps hervorrief.
Er hustete und hustete, hatte er sich in dem Bunker schon etwas eingefangen? War das der Schimmel, der den grauen Bunker bunter erschienen lässt? Er spuckte einen Klumpen Blut zu Boden.
"Haähhy haste mal ne Münze?" Ein Obdachloser stand mit offener Hand, vor ihm. Der Kerl trug eine Lederhose, die mit einem Seil an seinen Hüften getragen wurde. Sein Oberteil war von Nike. Wäre er nicht so schmutzig gewesen, hätte er glatt auf einem Laufsteg Platz gefunden.
"Was bekomm ich dafür?" Richard schaute den Dahergelaufenen skeptisch an.
"Ich kann dir sagen wie viel Uhr es ist."
"Wie viel Uhr ist es denn?" Richard war genervt, dass er seine Einsamkeit nun teilen musste.
"15 Uhr" gab der Penner zurück.

"Glaub ich dir nicht, zeig mal her." es war doch erst morgens schoss es Richard durch den Kopf.
Der Penner zeigte, auf die Kirchturmuhr, es war tatsächlich 15 Uhr. Wie lange hatte er im Haus der Alten Frau geschlafen? Wie lange hatte er hier gesessen? Was geschah hier? Trinken half nicht unbedingt, einen besseren Überblick zu bekommen.
"Hast du nun ne Münze für mich?" der Penner war ungeduldig.
"Vielleicht, setzt du dich erst mal und nimmst einen Schluck." Richard machte heute Urlaub. Urlaub vom Verstand. Urlaub von Verantwortung. Urlaub von der Fähigkeit eine klare Antwort geben zu können, wie eben auf die Frage wie viel Uhr es ist. Der Alkohol half ihm den Benzilsäureester hinauszutreiben. War es nicht gerade 10 Uhr gewesen? Richard streckte dem Penner die Flasche hin. Der Penner nahm die Flasche und trank einen kräftigen Schluck.

"Wie heißt du?" fragte Richard den Obdachlosen.
"Richard aber die Leute nennen mich Rich" gab der Obdachlose zum Besten, während er rülpste.
"Ist ja ein Ding Rich, mein Name ist auch Richard." die Zigarette war am Ende angelangt, Slater lötete gleich die nächste bevor er die alte auf den Boden schmiss.
"Ja ist ja ein Ding." antworte Rich und trank noch einen Schluck Wodka.
Slater wusste nicht was er sonst noch mit ihm hätte reden sollen, was fragt man einen Mann, der anstatt eines Gürtels ein Seil trägt. Die Haut von Rich erinnerte an Smeagol, den Troll mit dem Schatz. Die feinen Äderchen um die Nase des Mannes waren alle geplatzt, Nikotin und Alkohol fördern nicht unbedingt die Durchblutung der Haut. Die meisten Alkoholiker sterben an einem Herzinfarkt, nicht an der Leberzirrhose. Kaum einer weiß das. Kaum einen interessieren die Folgen, noch weniger die ihres Handels. Das wusste

Gonzo, das wusste Moso, das wusste Richard.
Rich sah ihn an. Hatte er etwas gesagt?
"Was?" entfuhr es Slater unwillkürlich.
"Warum du hier bist, habe ich gefragt." Rich schien die Sache ernst zu meinen.
"Weiß nicht, hab mich nie gefragt, was mein Zweck hier ist. Warte was hast du mit hier gemeint?" Slater hätte ihm zuhören sollen, aber Gott im Himmel er wollte doch nur jemanden der nickte, wenn er etwas sagte, niemanden der ihm Fragen stellte.
"Hör mal Richard, ich bin ein Trunkenbold und ich kann dir ins Gesicht sehen und weiß, dass du keiner bist. Was machst du hier auf der Bank mit einer Flasche Wodka?"
War das sein Ernst? Interessierte sich dieser Dahergelaufene tatsächlich für sein Schicksal? Oder war das nur eine ziemlich gute Masche an den restlichen Flascheninhalt dranzukommen.
"Ich habe Lampenfieber." was erzählte er da für einen Schwachsinn.

"Lampenfieber, so so und warum hast du Lampenfieber? Bist jemand besonderes?" Rich gab nicht auf.
"Wieso ist das wichtig? Bist du denn jemand besonderes?" Slater, Slater, Slater, was Besseres fällt dir nicht ein? Passiv-Aggressives Gedankenunkraut. Rich sollte wissen das er vorsichtig sein muss, wenn er jemanden retten wollte und Richard dachte sich das Rich wissen müsste, dass er vorsichtig sein muss, wenn er jemand retten wollte der es nicht will.
"War ich mal, dann war ich es nicht mehr. Die Umstände haben mir alles weggenommen und mir im Gegenzug die Flasche gereicht." Rich deutete auf Slaters Zigarette, er war so perplex das er aufgehört hatte an ihr zu ziehen. Der angesengte Filter stank schon. Slater machte den Filter aus. Er musste irgendetwas sagen, was Rich eine Weile beschäftigen würde:
"Weißt du Rich, ich bin dabei Großes zu vollbringen. Davor habe ich Angst."

"Du hast Angst, dass du Erfolg hast?" Rich reichte ihm die Flasche. Slater trank einen Schluck und sagte:
"Ich habe Angst davor, dass wir Menschen am Ende doch nicht größer sind als das Schicksal, dass wir tragen."
Rich schaute ihn an, er verzog sein Gesicht. "Ernsthaft?" brüllte er und schmiss die Flasche auf den Boden.
"Du hast Angst? Du Angst das du den Ponyhof verlässt. Du widerst mich an. Ich, verdammt nochmal, Ich habe gelebt."
Slater kniff die Augen zusammen, Wut kochte in ihm über, er würde den Mann gerne schlagen. Doch er zog seine Schachtel Zigaretten heraus, nahm eine und zündete sie an.

"Bist du fertig?" sagte Slater während er aufsteht.
"Ja ich bin fertig und du nicht, das ist der Unterschied." Rich spuckte beim Sprechen, er war außer sich.

Slater nahm seine Geldbeutel heraus und warf Rich ein paar Hunderter vor die Füße. "Hier, damit dauert es nicht so lange, bis du dich Tod gesoffen hast." damit machte Slater auf dem Absatz kehrt und ging.
Rich rief ihm noch irgendwas hinterher. Er hörte nicht mehr hin. Hatte er getrunken um einzuschlafen oder um aufzuwachen? Es war ein fairer Tausch gewesen. Die Scheine waren die Belohnung für die rechte Antwort auf eine dumme Frage. Der Mensch ist gewaltiger als das Schicksal das er trägt.

„Jeder der etwas anders sagt,
hatte es verdient zurechtgewiesen zu werden.
Jeder der etwas anders sagt,
lügt sich selber an.
Jeder der etwas anders sagt,
sucht nur eine Ausrede um zu versagen.
Jeder der etwas anders sagt,
war schon Tod bevor er überhaupt starb.“

Richard lief in Richtung Stadtmitte. Einkaufen war angesagt, benötigt wurde ein Mobiltelefon, ein Laptop, mobiles Internet. Außerdem neue Kleider, er fing langsam an zu stinken. Alles in allem war er etwa vier Stunden beschäftigt. Er hatte zusätzlich noch einen mobilen Drucker im Miniformat und eine Reisetasche gekauft, damit er den ganzen Krempel nicht tragen muss. Als er alles beisammen hatte, ging er in die nächstgelegene Bar, nachdem er sich erkundigte hatte ob man hier rauchen könne und man ihm ein „Ja“ signalisiert hatte, nahm er Platz.

Die Bar war eher eine Lounge, die aufwendige Möblierung hatte wohl das Budget aufgefressen. Auf dem Türschild stand "TiefenRausch –Bar", das R stand auf dem Kopf - es war wahrscheinlich ein Überbleibsel von einem Vorbesitzer.

"Guten Tag, was darf es sein?" eine junge, blonde Kellnerin schenkte ihm ein wunderschönes aufgesetztes Lächeln. Ob ein Oberteil das noch kürzer war, ihr noch mehr

Trinkgeld zu bescheren würde, wagte er zu bezweifeln, es ließ kaum noch Spielraum für die Fantasie eines Mannes übrig.

"Tag auch, habt ihr guten Gin?"
"Klar Gordons, Beefeater, Bombay, Bulldog."
"Habt ihr Monkey 42?"
Weiß nicht, müsste ich nachschauen."
"Bring mir ein Glas Wasser, ein Greenbull und drei Finger breit Monkey 42, falls ihr keinen Affensaft habt, nehme ich Bulldog stattdessen."
"Ok, kommt sofort."

Kurze Zeit später kam die Kellnerin zurück und stellte die Getränke auf den Tisch. Richard hatte Kopfhörer an seinem Laptop angeschlossen, er wollte die Umgebungsgeräusche ausblenden, um sich besser konzentrieren zu können und war in seine Unterlagen vertieft. Zumindest sah es danach aus.
Sie machte keine Anstalten, ihn aus seiner Konzentration zu reißen. Er sagte nur knapp

"Danke" und sie nickte. Sie hatte auf ihre Art und Weise Stil auch wenn dieser nicht von ihren Klamotten ausging.
Die Lounge, die sich als Bar ausgab, hatte viele sofaähnliche Liegemöglichkeiten. Alles war mit Leder überzogen, kein teures, gewiss nicht, falls ein Gast zu viel trank und einen Drink verschüttete oder sich erbrach war es immer noch einfach zu putzen.
Die Theke hatte nicht allzu viele Stühle, wahrscheinlich gab es keine Bedienung, wenn der Laden gut besucht war. Man stand dann gedrängt um die metallische Oberfläche während man versuchte vom Barkeeper nicht übersehen zu werden.
Richard hatte einen der wenige Tische, die in einer Ecke standen für sich beansprucht. Der Anblick musste grotesk wirken, jemand der an seinem Laptop, in einem Szeneladen mit blauen Schwarzlicht und Gin, tippte und Blätter mit Statistiken und Formulare ausdruckte.

Er nippte an dem GreenBull nur gelegentlich, um ein Alibi zu haben für die längere Beanspruchung des Platzes in der Bar.
Sein Leben war hektischer geworden. Er starrte auf Tabellen und Tabellen und Tabellen von den Formularen, von denen gab es auch einige.
Was hatte sich aber wirklich geändert? Er erledigte immer noch Papierkram, nur der Auftraggeber lautetete anders. Endlich arbeitete er für das Allgemeinwohl. Er hatte auf dem Schwarzmarkt im Dark Web, knapp 100 gefälschte Identitäten gekauft. Ihre Vorbesitzer waren tot oder erfunden, auf jeden Fall hatten ihn diese Daten ein Ganzen Haufen Geld gekostet.
Qualitativ hochwertige Fälschungen waren eine eigene Kunstform und ein Künstler braucht mehr, als die Liebe zur Arbeit, um zu leben.
Bitcoins brachten zwar der Welt eine Währung ohne Inflation, doch auch die angenehme Möglichkeit, ganz anonym Geld zu erhalten und verschicken.

Zugegebenermaßen konnte man das auch mit Steueroasen, doch es war komplizierter, aufwendiger und lohnte sich nur für wirklich große Summen.

Er hatte bereits einen Haufen Dokumente vorbereitet, er musste nur noch die Namen einfügen.
Er eröffnete eine Bank mit gefälschten Namen, in der mit gefälschten Einzahlungen von gefälschten Identitäten, eine gefälschte Bilanz entstand.
Mit ein paar Tricks hatte er somit am Ende des Tages eine erfundene Bank mit einer Einlage von 2 Millionen Euro. Leihen konnte er auf diese Summe das 99-fache der Einlagen. Es kostete einen Haufen Geld, all die Papiere zu beantragen und zu fälschen, doch am Ende des folgenden Tages war er Inhaber eines eigenen Kreditinstitutes.
Natürlich hatte er mit dieser kleinen Offshore Bank keinen Zugang zur Zentralbank. Doch hatte er damit die Möglichkeit zur Gründung einer Bank mit

Lizenzklasse A in einer Industrienation, die es mit der Herkunft von Geld nicht ganz so eng nahm: Schweiz, USA, Großbritannien oder Deutschland.
Wer hätte gedacht, dass gesetzliche Schlupflöcher zum künstlichen aufpumpen des Bruttonlandprodukts, eines Tages negative Konsequenzen haben würden?
Er nutzte nun genau die Schlupflöcher für Steuerhinterzieher, die in jahrelanger, mühseliger Lobbyarbeit geschaffen worden waren Die erste Bank war nur dazu da, die zweite Bank zu gründen und die zweite Bank nur dazu da, Zentralbankgeld geliehen zu bekommen. Er konnte sich nämlich nur die Banklizenz B leisten, er brauchte aber eine Banklizenz der A-Klasse.
All das Geld wanderte auf die Konten der gefälschten Identitäten. Diese wiederum schickten es über weitere gefälschte Identitäten und einen Umweg durch die Erste, zur zweiten Bank, welche damit noch mehr Sicherheiten und damit noch mehr Zentralbankgeld erhielt. Der Schritt wurde

ein paar Mal wiederholt. Diese Kettenreaktion war exponentiell und entwickelte nach einer Zeit eine gewissen Eigendynamik, der eigentliche Zins auf das Geld wurde eventuell gar nicht benötigt. Vielleicht würde er nur ein paar kleine Banken gründen, die sich untereinander verschuldeten, anschließend die Schuldverschreibungen weiterverkaufen und Insolvenz für eine seiner gefälschten Identitäten anmelden.
Trotz aller Möglichkeiten, war der Plan, am Ende das Geld bei unbeteiligten Banken auf Konten abzulegen, die Zinsen abwarfen die höher als die Kreditzinsen der Zentralbank waren. Das war heikel, da so eine Zinskonstellation nicht oft vorkam, bei der dies möglich war. Das was einmal ein gesunder Wirtschaftskreislauf war, wurde nun gemolken wie eine Kuh.
Wie gesund ein Wirtschaftskreislauf auch sein kann, in dem ein Banker sein Geld damit verdient, dass er Geld von der einen Tasche in die andere Tasche steckt. Er baute keine

Häuser, er pflegte keine Kranken, er plante keine Brücken und er unterrichtete keine Kinder. Er ernährte sich von der Arbeit anderer Menschen, ohne etwas beizusteuern und das was am Ende darauf dann an Steuer anfällt, will er auch noch einsparen. Da war er einmal zu gerissen, den Staat, der ihm das Gelddrucken erlaubte, auch noch um die Steuern die darauf anfielen zu betrügen, einmal hatte er sich zu viel herausgenommen.

Nun war Richard Slater auf der Bühne, um allen gewaltig die Party zu verderben. Was die Menschen tun würden, wenn sie erfuhren, dass ihr Geldsystem so marode und instabil ist, dass man mit ein paar Betrügereien, innerhalb von einer Woche einen Goldesel züchten kann, der Millionen abwirft. Mehr Geld, als die meisten Menschen in ihrem Leben verdienen würden.

Die erste Regel der Slater Bewegung lautet: Spreche über Finanzbetrug.

Die zweite Regel der Slater Bewegung lautete:

SPRECHE ÜBER FINANZBETRUG.
Die dritte Regel lautete:
Ein Banker, am Laternenpfahl aufgehängt, stabilisiert den Wirtschaftskreislauf ungemein.
Die vierte Regel lautete:
Armut ist ein soziales Konstrukt.
Die fünfte Regel lautete:
Des einen Armut, ist des anderen Reichtum.
Die sechste Regel lautete:
Wenn du um diese Umstände Bescheid weißt und nichts unternimmst, machst du dich schuldig und hast Blut an den Händen.
Die siebte Regel lautet:
Wir müssen nicht nur den Staat und die Fabriken einnehmen, wir müssen auch die Kultur verändern. Wir müssen dem Menschen eine neue Art zu denken schenken.
Die achte Regel lautet:
Die Revolutionsgarde hat immer Recht. Nur sie vertritt die Interessen des Proletariats.
Die neunte Regel lautet:

Keine Gefangenen. Volksgerichte entlassen dich entweder in den Tod oder in die Freiheit. Nimm keine Gefangenen.
Die zehnte Regel lautet:
Der Finanzkapitalismus muss zerschmettert werden.
Richard tippte eisern. Sein Plan nahm langsam mehr und mehr Gestalt an. Er lächelte.

Von irgendwo her kam die Stimmer der Kellnerin: „Sir, Sir!“. Hatte sie mit ihm gesprochen? Er war in letzter Zeit so oft in Gedanken verloren. In letzter Zeit? Eigentlich war es ein roter Faden, der sich durch sein Leben zog, immerzu war er nicht hier, sondern dort. Dort in seiner persönlichen Echokammer, auf Reisen in seinem Verstand.
Richard antwortete reflexartig: “Noch einen Monkey 42, bitte“
“Dem bringe ich ihnen und dann auch die Rechnung. Es ist Schichtwechsel und ich musst abkassieren.“
“Ja Danke, geht in Ordnung.“

Schichtwechsel? Wie lange hatte er hier gesessen. Er erschrak ein wenig, als er sah wie viele Leute mittlerweile die Bar bevölkerten. 21 Uhr 46, wann war er hier angekommen? Der Boden stand unter Wasser. Gibt es denn keinen ordentlichen Klempner in dieser Stadt? Oder folgte ihm das Wasser etwa?

Er hatte gar nicht mitbekommen das draußen, die Sonne untergegangen war. Es drang nicht viel Licht durch die getönten Scheiben, aber den Unterschied zwischen Tag und Nacht nahm man noch war.

Die Kellnerin, stellte den Gin auf den Tisch und legte ihm die Rechnung hin. Er schob ihr einen Schein hin und sagte:

"Stimmt so, können sie mir ein Taxi rufen?"

Die Kellnerin nickte und bedankte sich für das Trinkgeld.

Richard war vom Klang seiner eigene Stimme erstaunt, er hatte hier ein paar Stunden gesessen. Ganz versunken in den Papierkram. Er hatte die Formel immer und immer wieder durchgerechnet. Akten

gewälzt, Formulare ausgedruckt und auf Statistiken gestarrt. Ein bisschen an den Maximen der Bewegung geschrieben, die er ins Leben rufen wollte. Es sollte funktionieren und wenn nicht, hatte er es zumindest versucht. Das ist letztendlich alles was im Leben zählt, der Versuch. Nicht scheitern oder verlieren, sondern den Kampf annehmen und in der Arena des Lebens stehen. Sich behaupten und mit wehenden Fahnen untergehen oder triumphieren. Egal, Hauptsache kämpfen, alles was zählte war der gute Kampf und den focht er aus. Er war der Krieger des Lichts. Er wusste was zu tun war. Er schrieb seine persönliche Legende.
Er hatte nicht dagehockt und darauf gewartet, dass er an Langeweile starb, während er jeden Tag zur Arbeit kroch.
Die Herausforderung, in der Arena des Lebens zu kämpfen hatte er angenommen.
Ob er gewann oder verlor war ganz egal. Es zählte, auch nur einmal in der Arena zu stehen und sich einzunässen, während man der Gefahr gegenübertrat. Die Gefahr, die

man auf der Zuschauerbank sehen wollte, wenn jemand anderes kämpfte, um am nächsten Tag auf der Arbeit zu erzählen, dass man es besser gemacht hätte, als dieser jemand. Deswegen war ich jetzt Richard Slater und kein Niemand mehr, dessen richtigen Name keiner kannte. Ich war jemand! Weil ich niemand war.
Er wollte nur einmal auf der anderen Seite stehen und auf keinen Fall als Zuschauer sterben. Er war auf dem Weg, ein wichtiges Zahnrad zu werden, so wie er es sich in seiner Kindheit immer vorgestellt hat. Er hatte sich nie vorgestellt mal Rechnungen zu nummerieren und einzuscannen, er hatte sich als einen Helden gesehen.
Ein Held, der trotz aller widrigen Umstände nicht aufgibt und für die gute Sache kämpft. Ein Held, der so groß und so mächtig war, dass er dem Drachen nicht dem Kopf abschlug, sondern ihn zähmte und mit der befreiten Prinzessin in den Sonnenuntergang flog. Der alles besaß, was es für Gold nicht zu kaufen gab, Ehre, Familie und Liebe.

Auf jeden Fall hatte er sich als kleiner Junge nicht vorgestellt, der Mitarbeiter zu sein, der am schnellsten eine Akte tackern konnte und den Drucker wieder mit Papier befüllen konnte, ohne einen Papierstau zu verursachen.
Vor einer Woche sah das aber noch anders aus. Ja, sah es, aber wir haben heute nicht vor einer Woche. Genau genommen sind es sechs Tage.
Sechs Tage seitdem er ausgebrochen war, als er seinem Schreibtisch an seinem alten Arbeitsplatz das letzte Mal mit dem Gedanken „ich muss hier sitzen“, verließ.
“Ihr Taxi wartet vor der Tür, einen schönen Abend, Sir“
“Danke, ebenfalls.“

Er verlor immer mehr sein Zeitgefühl. Das kam wohl vom Alkohol. Er war schrecklich müde und heilfroh als aus dem Taxi wieder aussteigen konnte. Der Taxifahrer hatte gleich verstanden als er gesehen hatte wie Richard kraftlos auf der Rückbank Platz

nahm. Mehr als: „Das macht dann 13 Euro“ und „Den Rest können sie behalten“ wurde nicht gesprochen.
Den Rest zum Bunker lief er. Im Vorraum des Bunkers waren nur ein paar Schränke, die ihm zunickten, als er hereingelassen wurde. Er stieg die Treppen hinab zu seinem Kellerraum und war heilfroh, als er sich endlich in sein Bett legen konnte. Der Boden erzitterte als er sich hingelegt hatte, im Halbschlaf sah er noch wie der Boden unter Wasser stand. „War das ein Erdbeben, läuft der Bunker voll mit Wasser?“ ging es ihm durch den Kopf. Dann schlief er ein und der Boden zitterte immer noch, während sich auf dem Wasser bei jeder Erschütterung kreisförmige Wellen breit machten. Kraftlos atmete sein Körper vor sich hin.

Er wachte auf und prustete einen Schwall Wasser aus seinem Mund. Der Bunker stand unter Wasser, das Feldbett trieb nur ein paar Hände breit vom Deckenschimmel entfernt auf der Wasseroberfläche. Er glitt vom

Feldbett ins Wasser, alles war nass, fast schlammig. Es roch merkwürdig, das Wasser hatte einen leichten Gelbton, kam das vom Sandstein? War denn Sandstein im Bunker verbaut? Während er vor sich hin rätselte, tauchte er ab um die Eingangstüre zu seinem Zimmer zu öffnen. Der Flur stand auch unter Wasser, vor ihm trieb eine halbe Flasche Whisky. Verdammt was war passiert? Warum hatte ihn niemand geweckt, der Bunker lief voll, Wasser schwappte ihm vom Ende des Flurs entgegen.
Er versuchte sich gegen die Fließkraft des Wassers die Treppe empor zu kämpfen, doch es gelang ihm nicht.
Er rutschte mehrmals aus, kämpfte sich zwei Schritte vor und wurde wieder zwei Schritte zurückgespült. Plötzlich traf ihn ein Geldbündel am Kopf, es schwamm hier einfach herrenlos herum. Auf dem Bündel stand mit roter Farbe: „Blutschuld".

Er verlor den Halt und trieb mit dem Gesicht im Wasser auf der Oberfläche. Er schluckte noch eine Weile Wasser, ehe ihm die Lichter ausgingen. Ein lebendiger Mensch geht im Wasser unter, ein Toter hingegen schwimmt an der Oberfläche. Mutter Natur hat eine merkwürdige Art, Scherze zu reißen.

Richard schlug die Augen auf. Seine Kehle brannte, sein Mund war so trocken, dass es schmerzte. Er ließ eine Hand von dem Feldbett auf den Boden fallen, der war genauso trocken. Doch kein Erbeben, der Bunker lief also nicht voll. Er starrte apathisch an die Decke, während er vor sich hinmurmelte: „Wieso lässt mich dieser Fährmann nicht in Ruhe?“
Er hatte das Gefühl, das Fliegen ganz knapp über seinem Blickfeld in der Luft kreisten, doch jedes Mal, wenn er den Kopf hob, war da nur der Schimmel an der Decke, die mit einem leichten Farbfilm überzogen war. Die Lüftung schien nicht richtig zu funktionieren und in den Räumen sammelte sich Feuchtigkeit, das Resultat waren Pilze die mit ihrem weißen Flaum die Decke neu strichen.

Wenn es zu viele wurden und ihre Ausscheidungen den eigenen Lebensraum vergifteten, starben sie und die Biomasse die verrottete, schuf Raum für neue Pilze-Arten. Fast so wie der Mensch.

Diesmal aber wucherten sie in einer anderen Farbe. „Wenn dieser Raum genug Feuchtigkeit für Pilze birgt warum trockne ich dann bitte aus?“ Niemand antworte auf die Frage, nur die Pilze starrten zu Boden.
Er kniff die Augen zusammen. Auf seinen Augen hatte sie eine Schlafkruste gebildet.
„Bin ich krank? Wann habe ich das letzte Mal Wasser getrunken?“ sagte Gonzo ängstlich, die Pilze gaben noch immer keine Antwort.
„Warum verkrieche ich mich eigentlich noch immer in diesem Bunker?“
Die Pilze gaben ihm wieder keine Antwort, sie waren keine guten Gesprächspartner.
Er hatte doch seine Papiere. Papiere, Papiere, Papiere es waren noch so viele auszufüllen und am Ende war es vielleicht

doch nicht genug. Genug aber für einen Neustart für Richard Slater.
Staub und ein paar Sporen machten das Licht der Deckenbeleuchtung sichtbar. Manches muss gebrochen werden, damit es schön ist. Der Wassermangel machte ihn unruhig. Er stand auf und lief auf und ab, als ob er die Nervosität damit verscheuchen könnte.
Er fischte eine Zigarette heraus, zündete sie an und inhalierte tief. Er sah einen hellweissen Punkt, dann noch einen und noch einen. Ihm wurde schwindlig, Rauch in geschlossen Räumen rief förmlich nach Problemen. Er legte sich auf den Boden, starrte wieder zur Decke.

„Ich bin größer als all das. Ich bin die Antwort, auf eine Frage die niemand gestellt hat. Ich bin jemand! Weil ich niemand bin. Gewaltiger als das Schicksal ist der Mensch der es trägt."

Im Raum stand nun überall der blaue Dunst, der half das Licht noch mehr zu brechen.

Sobald das Nikotin über die Lungenbläschen ins Blut abgegeben wurde, dauert es etwa 23 Sekunden, bis die Bluthirnschranke überwunden war und das Nikotin an den Acetylcholin-Rezeptoren andocken konnte. Acetylcholin ist das, was Alzheimer Patienten fehlt. Es ist salopp gesagt dafür verantwortlich, wie viel Gedanken dir durch den Geist jagen.
Richard richtete sich auf und griff zum Koffer, holte einen Schreibblock heraus und rieb sich die verkrusteten Augen. Er schrieb mit großen Buchstaben:

Testament

Im Falle, dass die Kapitalschöpfung für die Slater-Stiftung einen zu geringen Umfang hat, unter 100.000.000€, wird der Zweck der Slater Stiftung wie folgt verändert:

Temporärer Stiftungs-Zweck:
Prepaid-Kreditkarten an Obdachlose verteilen.

Pro Tag wird eine Karte von der Stiftung herausgegeben, jede Karte wird mit 10.000, -€ aufgeladen und ohne weitere Verpflichtungen für den Obdachlosen zur Verfügung gestellt. Die Plastikkarte wird mit Aufdrucken der Slater-Stiftung versehen, welche eine Kontoverbindung enthalten, falls das Geld freiwillig zurückgezahlt werden sollte. Falls der Obdachlose weitere Hilfe benötigt, erhält er diese.

Die Stiftung arbeitet an diesem Zweck, bis die zahlungsunfähig ist oder einen Umfang von 100.000.000€ überschritten hat. Falls das Grundkapital für die Operation „Trockene Oase" zusammenkommt, kann mit dem Verteilen der Kreditkarten fortgefahren werden, falls dies nicht die Stilllegung der Steueroasen beeinträchtigt. Falls der Stiftungs-Zweck erfüllt werden sollte, sind das Recht auf freie Bildung, Recht auf Nahrung und schließlich die Tilgung aller

Staatsschulden weitere Ziele der Slater-Stiftung.

Gezeichnet:Richard Slater

Richard betrachtete das geschriebene, Planen macht ohne Größenwahn keinen Spaß, zumindest ging es ihm so. Er zog sich um, nahm seinen Koffer und schlug die Kellerraumtür hinter sich zu.
Die Wände waren spröde der Putz bröckelte überall. Vor zehn oder zwanzig Jahren wäre es dringend nötig gewesen, alles zu streichen. Die Wände sahen jetzt aus wie moderne Kunst.
Er ging die weichen Steintreppen hinauf, sie waren glatt getreten von den Hotelbesuchern. Er hatte so etwas nur einmal im Vatikan gesehen, einer der Statuen wurde, damit man Glück hatte, immer wieder über den Fuß gestrichen. Der Stein wurde so über Jahrhunderte glattgeschliffen. Dieser Bunker musste aber aus der Zeit des zweiten Weltkriegs

stammen, warum war der Stein weich geworden? Ein Tropfen Wasser fiel ihm auf den Kopf. Wasser musste an einigen Stellen von außen in den Bunker dringen.
Richard kam im Vorraum des Bunkers an, eine Uhr an der Wand verriet ihm, dass es 15 Uhr war, er hatte sich abends mit Stella verabredet.

Wie lange hatte er geschlafen? Kaum genug Zeit, in die Stadt zu gehen, dachte er, als er vor dem Bunker stand.
Er zündete eine Zigarette an und lief die Schotterstraße die zum Bunker führte entlang. Nach einer Weile kam die Bank, auf der er dem Himmel beim Bluten zu geschaut hatte. Er nahm Platz und packte seinen Laptop aus.
Es tropfte leicht, aber es war kein Wasser. Rote Flüssigkeit verkrustete sich auf seinem Finger, auf den ein Tropfen gefallen war. Er schüttelte den Kopf wie wild. Das Tropfen hatte auf einmal aufgehört. Seine Finger

waren sauber. „Was zum Teufel. Regnet es Blut?“ entfuhr es ihm.
Die Bank stand auf einem der wenigen Hügeln der Insel und ihm bot sich ein Blick über ein paar Wiesen, auf einer standen Kühe, ein paar Lagen auch. Ein Zaun den man wahrscheinlich mit einem Tritt niederreißen konnte, hielt die 300 bis 400 Kilo schweren Tiere im Zaum. Nur ein aufmüpfiges Herdentier hätte alle befreien können, doch alle lagen lieber in der Sonne oder fraßen gemütlich.
Man sah von hier bis zum Meer und bis in die Stadt. Während er eine Weile lang auf den Ozean starrte, fragte er sich, warum er nicht einfach am Strand schlief. Ein paar tausend Euro für einen Bunker oder Strand mit Meeresluft, kostenlos. Aber er hatte ja die Papiere gebraucht, seine neue Identität.

Ob er nun hier tippte oder in der Stadt, war egal. Die Sonne schien ihm ins Gesicht, während der Lüfter des Laptops sich leise im Kreis drehte. Er füllte Formulare aus,

erzeugte mit einem Programm zur Fälschung von Unterschriften die rechtlichen Authentifizierungen seiner gefälschten Identitäten und schwitzte.
Seine Kehle war immer noch trocken, aber ein paar Zigaretten später störte ihn das nicht mehr. Die Unterschriften sahen echt gut aus, jemand hatte ein Lernprogramm für Kaligraphie umgeschrieben und das Ergebnis konnte sich echt sehen lassen.
Es verging eine Stunde um die andere, Formular um Formular wurde fertig gemacht und per E-Mail ging es ein paar Minuten später bei Bürokraten, Banken und Anwälten ein. In manchen Ländern kann man innerhalb von zwei Tagen, eine Bank gründen.

Über das Darkweb hatte er auch einen Kontakt bei einer der großen Rating Agenturen bekommen, für ein ordentliche Summe Geld erhielt man ein Rating das gut genug war um eine Banklizenz Klasse A zu bekommen. Damit hatte man Zugang zur Zentralbank, damit war man an der Quelle und in der Lage für 10 Euro die man besaß, 990 Euro zu verleihen die man nicht besaß. Man tippte dann einfach den Kredit ins Onlinebanking-Interface und das Geld entstand aus dem Nichts. Echtgeld, das über Leben und Tod entscheiden konnte, wurde so einfach per Knopfdruck erschaffen.

Es war schwer nachzuweisen, dass die 990€ über ein paar Steueroasen wieder als Einlage in Bank flossen. Man brauchte nur ein paar gefälschte Identitäten und zack waren plötzlich, 1000 Euro Einlage vorhanden. Ein paar Tasten und Klicks im Onlinebanking-Interface später, ging ein Kredit für 99000 Euro raus. Richard stieg aber nicht mit 10 Euro ein, die erste Scheinbank war mit 20 Millionen Euro ausgestattet. Gut, das war die Bank nicht wirklich wert, die Zahlen waren gefälscht, aber das interessierte niemanden.

Das ganze Verleihen würde dann ein paar mal wiederholt werden und im Handumdrehen hatte man genügend Geld,

um ein paar Millionen Demonstranten einzustellen, die gegen diesen Quatsch und für soziale Gerechtigkeit demonstrierten. Kaum zu glauben, dass die Leute die einen den Ruin treiben können, nur mit Papiergeld hantieren. Sie können einem Hab und Gut wegnehmen und ihr Wert basiert auf nichts. Sie nehmen dir und deinem Nachbar, das Auto, das Haus, den Fernseher weg. Güter die einen realen Wert haben.
Sie klauen deine Steuern für Geld, das sie aus nichts erschaffen.Du zahlst den Zins und Zinsezins für Staatsschulden, die Jahrzehnte vor deine deiner Geburt gemacht wurden. Du nimmst einen Job an, nur irgendeinen, egal wo dein Talent und dein Potenzial lieen, um alles abzubezahlen und sie lassen dir nicht mal das Geld für frische Milch am Ende des Monats. Sie zertreten deine Träume, nehmen dir jede Perspektive.
„Bis ich nur noch eine Perspektive hatte." Richard lächelte und seine Augen wurden feucht

„MICH HABT IHR NICHT GEKRIEGT!“ brüllte er in die Landschaft, eine paar Kühe die weiter weg auf einer Wiese standen schauten auf. Eine der Kühe rief zurück: „Wir haben dich bereits.“ Oder war das ein Spaziergänger der am Strand ging? „ICH KRIEG EUCH, ALLE!“ sein Gesicht verzog sich zu einer Fratze während er nach dem Schrei ausatmete. Sein Mund stand hoffen, die Mundwinkeln waren auf der Höhe der Nase zu einem überbreiten Grinsen verzogen und eine Träne rollte ihm über die Wange. Weit entfernt am Horizont blitze es. Wind zog auf.

Es verging eine Weile. Eine weitere Kuh muhte zur Antwort. Sein Gesicht wurde ausdruckslos und er flüsterte:
„Ich schick euch unter eine Brücke, ich schick euch auch unter eine Brücke.“
„Aber vorher lasse ich die Graffitis entfernen.“
Er setze sich wieder. Um besser schreien zu können war er aufgesprungen. Der Laptop

lag im Gras, der Lüfter drehte sich immer noch.
Er schaute auf die Uhr, Stella würde bald kommen, er machte sich wieder an die Unterlagen. Die Sonne zog langsam ihre Bahn und zielte auf das Ende des Horizonts. Die letzten Formulare wurden verschickt. Die wichtigsten Dokumente trafen sauber organisiert, in Zeitzonen auf aller Welt ein in denen gerade der Arbeitstag angefangen hatte oder die Mittagspause beendet war. Ihre Antworten wurden automatisch weitergeleitet.
Wenn er morgen früh aufwachte, war er Multimillionär. In einer Woche, Milliardär. In einer weiteren konnte er anfangen den politischen Umsturz des weltweiten Finanzsystems zu organisieren. Schluss mit dem Klassenkampf, den die Proletarier verlieren.

Richard packte alles zusammen und zündete eine Zigarette an. Eines der Papiere, war

unter die Bank gefallen, als er aufsprang, es blieb liegen.
Er machte sich auf den Weg zurück zum Bunker, der Himmel blutete einsam vor sich hin. Sein Herz raste, der Boden vibrierte.

Als er im Vorraum stand, war Stella noch nicht da. Der Schrank, der hinter dem Schreibtisch am Eingang saß, schaute ihn nicht mal an. Desinteresse oder Diskretion? Schoss es Richard durch den Kopf als er sagte:
„Verzeihung guter Herr, als ich eingezogen bin wurde ein Lieferdienst erwähnt." Als der Schrank zu ihm aufsah und sein Buch zur Seite legte, sah er das sein Hals tätowiert war, auch seine Unterarme hatten Farbe.
“Ja was ist damit, gab es Probleme?" fragte Tattoo.
“Nein ich würde ihn gerne in Anspruch nehmen."
Der Tätowierte schob ihn einen Zettel hin und sagte:

„30 Euro für fünf, 50 Euro für zehn Artikel und schreib sauber."
Richard nahm sich einen Kugelschreiber vom Schreibtisch und schrieb auf den Zettel, der Tätowierte las weiter in seinem Buch. Der Titel lautete: „Ein Tausend Plateus: Kapitalismus und Schizophrenie." Der Autor hieß Gilles Deleuze.

Eine Palette Dosenbier
Einen Kasten Wasser
5 Dosen Ravioli
Taschenmesser
Löffel

Richard betrachtet das Geschriebene eine Weile, dann fügte er hinzu:

Eine Stange John Player Desperate
5x Flaschen Wodka
Holzkohle
Grill
Grillfleisch
Brötchen

Er legte einen 500€ Schein auf den Tisch und schob Tattoo den Zettel hin. Endlich einmal sah er einem der Mitarbeiter Verblüffung ins Gesicht geschrieben.
„Ist doch ok, wenn wir alle heute vor dem Bunker grillen?“ fragte Richard.
Tattoo grinste: “Gute Idee Man, es bräuchte mehr Leute wie dich.“
“Wie lange dauert der Spaß?“
“In einer Stunde werde ich an deine Tür klopfen, das Meiste willst du eh oben haben, oder?“
“Ja das meiste.“
“Welche Raum-Nummer hast du nochmal?“
“23“
Der Tätowierte schrieb die Zahl auf den Zettel, nickte und lächelte.
Richard verabschiedete sich: „Alles klar, Mann bis später.“
Er wurde langsam warm mit der Belegschaft, auch die Kameras im Vorraum und in den Fluren störten ihn nicht mehr weiter. Er hatte zwar noch nie einen Monitor gesehen,

doch auch das war ihm egal. Er schlenderte zu seinem Kellerraum, schloss die Tür auf, stolperte über die Schwelle und fiel flach auf den Boden. Ihm gingen die Lichter aus und er blieb liegen, während, die Tür ins Schloss fiel. Der Koffer war aufgesprungen und alle Papiere lagen über den Boden gestreut.

Da war er wieder, der Fährmann.

Die Stadt die von Flüssen durchzogen wurde.
„Was machst du hier?“
„Dein Fährgeld war in Ordnung“.
„Doch du musst dich endlich entscheiden wo du hinwillst.“
„Es ist nicht alles wie es scheint.“
„Du bist nicht alles was du sein könntest.“
„Bin ich gesprungen? Ist das hier ein Traum? Bin ich tot?“
„Du bist, sagen wir, in einer Zwischenwelt. Gonzo, Moso, Richard, wer immer du auch sein möchtest. Dein Leben hat so viele Dimensionen.“

„Du hättest in deiner Wohnung rebellieren sollen.“
„Wieso, was hätte das gebracht?“
„Außer Haloperidol hätte mir das nichts gebracht.“
„Ich kämpfe jetzt für das Allgemeinwohl.“
„Alles Phrasen. Die Menschen haben genug. Sie sind nur nicht gut genug. Du hast keine Ahnung Herr Herrhausen.“
„Die Milch hat dich infiziert, du bist krank im Kopf. Nicht die Welt ist schlecht. Du bist schlecht. Du glaubst du tust Gutes, dabei richtest du nur Brandherde an, die du nicht löschen kannst.“
„Wen willst du finanzieren?“
„Die Schwächsten, die Ausgestoßenen. Die die in der Hierarchie ganz unten sind, die sollen emporgehoben werden. Mit ihrem Zorn und Hass auf alles was Recht und Gut ist. Was gewachsen ist in Jahrhunderten. Das willst du zerschlagen und neu machen?“
„Bist du ein Gott?“
„Nein ich bin Richard Slater.“

„Du weißt nicht mal mehr wer du bist, geschweige denn wo du bist. Vielleicht sitzt du noch in deinem Büro und hast endlich den Mut gefunden deine Kollegen über den Haufen zu schießen."
„Davon hast du heimlich immer phantasiert."
„Die Waffe durchladen, im Büro von Herrn Meier anfangen auf dem Gang in den dritten Stock kommen dir hoffentlich ein paar Kollegen entgegen. Wisbadrer muss sich extra hinknien."
„Raus aus meinem Kopf."
„Du bist doch nur wieder so ein Traum."
„Was sagen dir den deine Träume?"
„Du träumst ein Jahr lang jede Nacht davon deine Kollegen zu erschießen. Jede Nacht und dann, auf einmal, machst du Kehrtwende wie in der Bank und beschließt der Krieger des Lichts zu sein. Der den Menschen ein Utopia bringt?"
„Wohl eher ein Engel des Lichts. Ein kleiner Teufel, der stets unzufrieden und bitter ist."
„Ich bin rein, ich bin nobel, meine Gründe sind selbstlos. Mein Zweck ist heilig. Ich

bringe Licht, du kommst nur wenn es genommen wird."
„Was denkst du denn wer ich bin?"
„Ich bin nur in deinem Kopf. Mich gibt es nicht. Schon vergessen? Metaphysik ist wie eine Fliege im Raum, während du dich weigerst das Fenster zu öffnen. Ich bin der Schatten der auf dich wartet, wenn du wenig Schlaf hast und in deinen Augenwinkeln Gestalten siehst."
„Und wenn es meine Kollegen verdient hätten? Was dann?"
„Ja was ist denn mit deinen Kollegen, bist du ihr Richter? Hätten es alle verdient?"
„Die Firma macht ihr Geld mit Steueroasen, all diese Menschen haben Blut an ihren Händen."
„Du nicht? Lass mich raten, du nicht du bist rein und gut."
„Ich nicht."
„Ich denke eher das du aus Protest, die Unschuldigen leiden lassen wirst. Für das was man dir als Kind angetan hat. Du warst noch so jung. Deine Seele so zerbrechlich."

„Du willst eine Revolutionsgarde und der Posten ganz oben, der ist für dich. Nur ein, zwei Erschießungen und dann wird das Utopia erreicht."
„Warum regnet es wohl Blut und warum vibriert der Boden unter dir? Du bist ein Monster, das seine Hände an die Kehle der Menschheit legen möchte und mit stählerner Hand zudrücken möchte."
„Die Unschuldigen töten das ist der beste Protest? Nicht wahr?"
„Du bist der singende tanzende Abschaum an dem die Welt zu Grunde geht. Spielst mit Mächten zu groß für dich und all das nur weil man dir nicht die Kindheit gelassen hat."
„Du bist ein Niemand und hoffentlich wirst du es bleiben."
„Das 20. Jahrhundert hat genug Blut gesehen, wir brauchen nicht noch mehr. Wir brauchen nicht noch mehr. Nicht mehr."
„Du wohnst nicht mietfrei in meinem Kopf Fährmann."

„Ideen haben Menschen und ich werde Gerechtigkeit üben und dieses Schweinesystem abschaffen.“
„Ich bin der Krieger des Lichts.“

Ein Hämmern gegen die Tür weckte ihn auf. Stella öffnete die Tür, er kniff die Augen zusammen, das Licht des Flures blendete ihn.
Stella: „Wie schläfst du denn?“
Fragte sie während sie über ihn drüber stieg, sie stellte eine Einkaufstüte und den Kasten Wasser neben den kleinen Schreibtisch.
Richards Kopf dröhnte.
“Mach ich immer so, ist gut für die Wirbelsäule.“
Stella lächelte. Richard hatte sich hingekniet und sammelte die Papiere zusammen und verstaute sie im Koffer. Ein paar waren nicht in Reichweite, er ließ sie liegen und stand auf.
Stella: „Die anderen sind oben und zünden gerade den Grill an. Find ich echt nett von dir, hier eine kleine Party zu schmeißen.“

Richard wühlte in der Einkaufstüte, alles da. Er zerbrach die Stange John Player Garbage Human und nahm sich eine Schachtel. Danach griff er sich eine Flasche Wasser und trank sie leer. Stella beobachtet ihn aufmerksam und misstrauisch.
Richard sagte "Danke für das Runtertragen."
Sie lächelte wieder und deutete zur Tür.
Richard nickte.
Sie schwiegen als sie die Treppe hochliefen. Stella stellte sich Fragen über Richard. Sie stellte sich nie fragen über jemanden, der im Bunker wohnte. Sie dachte an die Zeit zurück, als sie selber im Bunker ein Zimmer hatte. Richard gab zu wenig Anhaltspunkte, als das Fragenstellen zu einem Ergebnis führen würde.
Sie hatte Papiere und Verträge gesehen, die am Boden lagen und seine Kleider, sein Gesicht. Mehr würde sie wahrscheinlich nie erfahren.
Richard lachte innerlich, wenn er daran dachte, dass in Kanada ein Sachbearbeiter gerade sein Postfach öffnete. Ein unterer

Angestellter, so wie er einer gewesen war. Dieser druckte die E-Mail aus, Standardformular 17k, 21a und b, 1-3 ebenfalls, heftete alles zusammen und fügte ein paar Daten ein. Der noch kurz Facebook öffnete um „Endlich Freitag T- 7 Stunden 45 Minuten“ als Status zu veröffentlichten und danach zu seinem Vorgesetzten ging, um ein paar Unterschriften abzuholen, danach alles wieder einscannte und weiter verschickte. Diesen Schritt würde er solange wiederhohlen bis sein Handgelenk schmerzte vom Eintippen der Daten oder die letzten Minuten verstrichen waren.
„Du wirst mit jeder Minute reicher“ schoss es Richard durch den Kopf. Sie kamen im Vorraum des Bunkers an, der Tätowierte saß wieder am Schreibtisch und las.
Stella verkündete: „Er ist wach.“
Der Tätowierte schaute auf und grinste, auf dem Schreibtisch standen zwei Dosenbier, die eine geöffnet, die andere, ungeöffnete warf er Richard zu. Er fing sie mit einer Hand, so kaputt konnte er gar nicht sein, wenn sein

vegetatives Nervensystem diese Handlung noch ausführen konnte.

Tattoo: “Zum Wohl, auf den edlen Spender!“ er grinste, nahm einen Schluck und schaute dann wieder in das Buch. „Der Heros mit den Tausend Gesichtern ist ein besseres Buch und hat auch eine Tausend im Titel. Ein tausend Plateaus: Kapitalismus und Schizophrenie ist nur dünne Luft.“ sagte Richard während er die Dose öffnete. Er trank einen Schluck, gleich darauf noch einen. Sie gingen zur Tür hinaus, draußen stand ein kniehoher Dreifuß mit einem Grill, auf dem schon das Fleisch lag.
Der Geruch von gegrilltem Fleisch war herrlich, ein paar der Anwesenden kauten auch schon auf Brötchen herum die mit Steaks belegt waren. Marinade und Fett weichten die Brötchen auf.
Es waren mit Richard und Stella jetzt zehn Leute, alle prosteten ihm zu und gesprochen wurde fast nichts. Zwei Männer unterhielten sich, doch er verstand kein Wort. Er zündete

sich eine Zigarette an und inhalierte tief, trank einen Schluck und nahm wieder einen Zug. Das tat gut.
Stella war von seiner Seite gewichen und mit zwei Brötchen und einem Sechserpack Bier zu ihm zurückgekommen.
“Auf Richard!“, sagte sie. Die Dosen klirrten aneinander.
„Lass uns zum Strand gehen“, schlug sie vor.
“Klar doch, ich war noch kein einziges Mal hier am Strand.“
Die kleine Menschenmenge prostete dem Spender nochmal zu und die beiden verließen den Vorplatz des Bunkers. Ein schmaler, sandiger Weg, an dem rechts und links Gräser wuchsen, führte direkt zum Strand. Als sie um die Ecke gebogen waren schaute sie ihn an und sagte:
“Mach dir nichts daraus, wenn keiner mit dir redet, kaum einer spricht hier englisch. Trotzdem ist dir jeder hier dankbar. Kannst du mein Brötchen halten?“
“Klar“

Das hohe Gras neben dem Weg, strich Richard über die Hosenbeine. Stella brach eine Bierdose aus dem Sechser-Plastikraster, öffnete sie und trank sie in einem Zug aus. Als sie fertig war rülpste sie und warf die Dose achtlos ins Gras. Richard reichte ihr das Brötchen.
“Ihr seid hier so etwas wie eine inoffizielle Flüchtlingsstelle, oder?“ eröffnete Richard das Gespräch.
“Stellst du immer Fragen auf die du die Antworten kennst?“
Richard wechselte das Thema: “Das mit dem Bier war beindruckend.“
“ Du trinkst einen Liter Wasser in einem Zug, das fand ich beeindruckend.“
“So viel zum Rollenwechsel der Geschlechter.“
Sie schwiegen eine Weile, leise konnte man das Rauschen des Meeres hören.
“Arbeitest du schon lange, für die alte Frau?“
“Du kommst aber schnell zu Sache.“
“Sag ruhig, wenn dich meine Fragerei stört.“

Langsam konnten sie den Strand sehen. Kein Sand, nur spitze Felsen, gegen die das Wasser schlug. Das Meer war unruhig, Richard auch. Er fing an sich hier wohl zu fühlen, das gefiel ihm nicht.
Stella sagte: “Ich bin vor fünf Jahren hierherkommen und hatte nicht das Geld mir neue Papiere zu kaufen. Die alte Frau gab sie mir trotzdem, ich blieb hier.“
Sie machte eine Pause. Eine Möwe kreischte und die Wiese endete hier, es stand eine improvisierte Bank aus Biertischen auf dem letzten Fleck Boden. Danach kamen die Felsen.
“Ich wusste nicht wohin, sie war die erste Person die mir auf meiner Flucht geholfen hatte. Daher beschloss ich für sie zu arbeiten. Die Zeit verging und ich fand hier ein neues Zuhause.“
Sie setzen sich auf die Bank und sie stellte das Bier auf den Boden. Richard zog seine Schachtel Zigaretten aus der Tasche und hielt sie ihr hin. Sie nahm zwei raus, zündete sie an und gab ihm eine.

“Und was ist mit dir? Wie bist du hierherkommen.“
Richard wurde blass und holte Luft. Er nahm einen Zug und war gerade dabei den Mund zu öffnen.
“Ist auch nicht so wichtig. Du hast zumindest einen Plan, das habe ich gewusst als du das aller erste Mal vor mir gestanden hast.“
Richard war verwundert: “Habe ich den?Sag mal, kannst du mir einen Gefallen tun?“
“Was denn?“
“Du müsstet in dem Hotel Holidolor, eine Tasche für mich abholen.“ Er fischte den Zettel mit der Reservierungs-Nummer und dem Namen der Hotelfrau aus dem Geldbeutel und reichte sie ihr.
“Du hast eine Grillparty für uns geschmissen, das ist das mindeste was ich tun kann.“ Sie schaute die Nummer und den Namen an und nickte noch einmal um zu bestätigen, dass sie sich darum kümmern würde.
Sie stießen an und die Dosen machten ein dumpfes Geräusch, während sie sich in die Augen sahen. Die Dämmerung hatte schon

vor einer Weile eingesetzt, es wurde immer Dunkler. Stella legte ihren Kopf auf seine Schulter, er spürte ihren Atem an seiner Brust.
Richard: "Wie kam die alte Frau eigentlich zu so einem Betrieb?"
"Als sie 5 Jahre alt war, kam sie nach Auschwitz. Sie hatte Glück das ihre Mutter, eine schöne Frau war. Einer der Aufseher vergewaltigte sie immer wieder, ihre Mutter gefiel ihm und daher gab es für die beiden mehr zu Essen. Zwei Jahre lebte sie dort, ihre Mutter starb trotz des Schutzes des Wachmanns. Sie aber, sie kam da irgendwie heraus und hat es sich zur Aufgabe gemacht, Menschen auf der Flucht zu helfen."
Stella sah zu Richard auf, ihm lief eine Träne über die Wange. Sie nahm ihre Hand und strich sie ihm aus dem Gesicht. Zwischen ihren Mündern war, eine Handbreit Luft und dann rollten seine Augen nach hinten.
Stella riss den Mund auf, Richards Augen waren vollständig weiß und er kippte vorne über. Es klatsche dumpf als sein Gesicht auf

dem Stein aufkam, Blut floss über den Stein. Sie sprang auf und rollte ihn auf den Rücken, aus seiner Nase floss Blut und färbte sein T-Shirt ein.
Stella riss aus ihrem Hemd ein Stück Stoff heraus und drückte es auf seine Nase, dann stand sie auf und rannte zum Bunker. Ein paar Tage ohne Wasser zu trinken, werden nicht mit einer Flasche Wasser wettgemacht. Sein Kreislauf hatte aufgegeben, zu viel Alkohol, zu wenig Schlaf.

Als Richard aufwachte war er in seinem Zimmer auf dem Feldbett. Er blinzelte, die Tür stand offen. Stella saß auf dem Hocker neben seinem Schreibtisch. Ihre Füße lagen auf der Oberfläche,sie lehnte sich an dem Spind an, in dem seine Sachen waren und las Zeitung.
Richard krächzte "Das sieht verdammt ungemütlich aus."
Stella legte die Zeitung weg und schaute ihn an. Ihr Blick hatte etwas Trauriges an sich.

War sie besorgt, um ihn? Um einen Fremden?
“Na, dein Humor scheint wohl besser zu funktionieren, als dein Kreislauf.“
“Tut mir leid ich erinnere mich kaum, was ist gestern passiert?“
“Anscheinend bin ich eine umwerfende Frau.“
“Haben wir?“ Zu mehr Worten kam er nicht.
“Du bist ohnmächtig geworden und wir haben dich in dein Zimmer tragen müssen, dein Puls war zu hoch. Ich habe dir eine Infusion mit Kochsalzlösung gelegt und eine mit einem Aufbaumittel.“
“Danke.“
“Was es auch ist was du vorhast, es muss verdammt wichtig sein, wenn du vergisst zu essen und zu trinken. Bring das unter Kontrolle. Bin mir sicher, was du auch vorhast, wird dir sonst nicht gelingen.“
“Tut mir leid, dass ich euch den Abend ruiniert habe.“
“Hast du nicht, bis nicht der erste der hier im Bunker sitzt und ausgemergelt ist.“

Stella war aufgestanden und ging zur Tür. Richard lächelte sie an, sie lächelte zurück. Stella drehte sich noch einmal um: "Wir sehen uns morgen, dann bring ich dir deinen Koffer. Vergiss nicht, du schuldest mir einen Kuss."

Mit diesen Worten verließ sie das Zimmer und die Tür fiel is Schloss. Langsam kam seine Erinnerung zurück, was passiert war, daher also dieser Blick. Gerne hätte er ihr noch etwas nachgerufen, aber er ließ es. In seiner Hosentasche hatte er noch die Schachtel John Player Flatters, er machte sie auf, nahm einen Sargnagel und sein Feuerzeug heraus und fing an zu rauchen. Er rollte vom Feldbett auf den Boden und krabbelte zu dem Kasten Wasser, er nahm eine Flasche und trank sie in einem Zug leer. Rülpsend drehte er sich, wieder auf den Rücken, rauchte genüsslich die Zigarette und dachte an Stella.
Auf seiner Hand waren Einstiche zu sehen und Rückstände von abgezogenen Pflastern,

welche die Nadel während der Infusion an der richtigen Stelle hielten. Im Bunker konnten sie einen auch verarzten, es machte alles langsam mehr Sinn. Wenn das hier eine inoffizielle Flüchtlingsstelle war, war ihm der Preis auch nicht mehr zu hoch.

Er startete den Laptop, dann nahm er eine der Ravioli Dosen, öffnete sie mit einem Taschenmesser aus der Einkauftüte und frühstückte.

Die Uhrzeit verriet ihm, dass vor knapp 2 Stunden, alle Papiere fertig bearbeitet gewesen sein dürften. Falls nirgendwo eine Verzögerung aufgetreten war, aß der Frischgebackene Multimillionär Richard Slater kalte Dosenravioli in einem Raum mit Schimmelbefall. Das Leben hatte einen eigenartigen Sinn für Ironie. Als er Geld gebraucht hatte, war er mittellos. Als er es nicht mehr für sich benötigte, verdiente er innerhalb von Tagen, mehr als er in seinem alten Leben bis zu Rente verdient hätte.

Er klappte den Laptop zusammen und packte ihn in seinen Koffer, ein paar der Akten lagen noch auf den Boden, er sammelte sie ein und packte sie zu den Anderen. Als er gerade dabei war, zur Türe hinauszugehen, drehte er nochmal um und nahm noch eine Flasche Wasser mit.
Der Vorraum war fast leer. Ein neues Gesicht saß hinter dem Schreibtisch, es nickte im zu und starrte dann wieder auf ein Mobiltelefon.
Als er vor dem Bunker stand, war alles aufgeräumt. Keine Spur der Grillparty von gestern, er lief um den Bunker herum zu dem kleinen Weg. In der, Hoffnung er würde auf der Bank am Meer Empfang für mobiles Internet haben.
Er setzte sich und rauchte erst einmal, bevor er den Laptop öffnete. Am Horizont über dem Meer, sah er dicke Gewitterwolken. Sie zogen Richtung Insel, bald würden sie die Sonne verdecken.
Er hatte mehr als 30 E-Mails, die wichtigste von einer Kanzlei, welche ihren Sitz in Alaska

hatte. Ihren Namen hatte er aus einem Artikel der sich mit den 42 Todesfällen beim Bau der Tran-Alaska-Pipeline beschäftigte. Der Journalist hatte die Firma mit Offshore-Banken in Verbindung gebracht. Dies wurde aber nicht bestätigt, zumindest nicht in der Öffentlichkeit.
Er öffnete die E-Mail sofort und fing an zu grinsen. Die nächste Mail war die einer IT-Firma für elektronische Datenverarbeitung. Er erhielt Log-in-Daten in einer verschlüsselten Datei. Eine weitere E-Mail teilte ihm das Passwort mit.
Er meldete sich direkt an und sah eine Summe von 19.479.528,00 Euro. Er pfiff laut.

Genug um eine Bank mit Zugang zur Zentralbank zu erhalten, und doch war es ihm unbehaglich. Eine Klasse A Banklizenz, hatte weit größere Hürden. Das Geld sollte reichen um sie alle nehmen, doch er beschloss den ersten Teil des Planes zu wiederhohlen. Er hatte noch genügend gefälschte Identitäten. Mit ein oder zwei weiteren Instituten sollte es einfacher sein, von einer namhaften Zentralbank mit der Aufgabe der Geldschöpfung betraut zu werden. Die vorhandenen Kontakte hätten ein zweites Mal verwendet werden können, die Auswahl solcher Dienste war aber so groß, dass er es vorzog, neue Kontakte zu verwenden. Die Gefahr erwischt zu werden war real.

Er tippte und arbeitete sich durch die Formulare, während das Meer rauer wurde und die Wellen gegen die felsige Küste klatschten. Hin und wieder, genehmigte er sich eine Zigarette und trank ein wenig Wasser, während er den Wellen zusah, wie sie sich brachen.

Bei seiner ersten Bankgründung hatte er länger gebracht. Alle Papiere für die zweite waren schon fertig, er suchte neue Kontakte für die europäische und afrikanische Zeitzone heraus, während die Dokumente und Formulare für die zweite Bank hochgeladen wurden. Am Strand hatte man kaum Empfang, es dauerte viel länger als beim letzten Mal. Die Batterie-Warnung ertönte zum zweiten Mal, als die letzten E-Mails versendet waren. Er packte alles zusammen und ging zurück zum Bunker.

Was er ohne Internet bearbeiten konnte, machte er an seinem Schreibtisch fertig. Stunden vergingen, bis die Formulare für die dritte Offshore-Bank fertig waren. Es war noch mehr als ein Tag vorhanden. Vielleicht würde er morgen noch eine vierte machen, nur um sicherzugehen.
Er öffnete eine weitere Dose kalte Ravioli und leckte sich nach dem Festmahl auf seinem Feldbett die Finger. Kurze Zeit später war er eingeschlafen.
Als er sonntags aufwachte, hatte dieser denselben Ablauf wie der Samstag. Er hatte nun eine bestätigte Offshore-Bank, drei weitere Banken waren im Gründungsprozess. Für eine weitere Bank hatte er die Papiere nicht abgesendet, er lud sie stattdessen auf

eine SD-Karte. Mit Anweisungen wie die Bank zu verkaufen sei, der Verkäufer musste Insolvenz anmelden. Der Verkaufserlös von wahrscheinlich 15 Millionen, mit etwas Glück 17 Millionen Euro wurde über ein paar weitere Identitäten verschleiert. Die SD-Karte war für Stella und für die Alte, die beiden Frauen kämpften hier auf verloren Posten für eine gute Sache. Er wollte die beiden unterstützen. Der Bunker war kurz davor, zu zerfallen und mit ein wenig Geld, konnte Stella die Flüchtlingsstation weiterführen, welche die Alte aufgebaut hatte.
Er schlief Sonnabend gegen 23 Uhr ein, ein Frühaufsteher in Asien würde gerade sein Postfach öffnen. Wenn er morgen aufwachte, war er mindestens 50 Millionen Euro schwer, Gründungsgebühren und ein paar gefälschte Urkunden kosteten überall eine andere Summe. Mal war dieses Dokument das teuerste und mal war das teuerste woanders kostenlos. Er schlief mit einem Lächeln ein, er wusste, dass er dabei

war das Richtige zu tun. Falls er scheitern würde, war er nur bereit, für das Richtige zu scheitern.
Das Gefühl das er bei diesem Gedanken hatte, konnte ihm keiner mehr nehmen. Dunkelheit machte sich um ihn breit und sein Bewusstsein verstumme langsam, während er einschlief.

Es war nun zehn Tage her, seitdem er saure Milch erbrochen hatte. Sein Leben hatte wieder Perspektive, er hatte sein Leben wieder unter Kontrolle. Bald würde er ein internationaler Kreditbetrüger sein.
Er wurde durch ein paar Schläge gegen die Zimmertür geweckt. Er rief laut: „Herein!“. Stella öffnete die Tür. Sie trug eine Sporttasche, sie stellte sie in der Mitte des Raumes ab und lehnte sich an seinen Schreibtisch.
“Guten Morgen!“, sagte Richard.
“Morgen, du Made.“ Sagte sie während sie ernst lächelte.
“Was ist?“

“Wer bist du?“
“Ich bin Richard Slater, warum fragst du?“
“Ich war in dem Hotel, die Rezeption hat die sehnlichst erwartet.“
“Wie meinst du das?“
“Als ich für dich ausgecheckt habe, hatte ich das Gefühl in ein Wespennest gestochen zu haben.“
“Stella, rede Klartext mit mir.“
“Die Polizei hat deine Tasche mitgenommen, man machte sich Sorgen über dein Verschwinden. Die Rezeption gab mir vier verschiedene Visitenkarten, die für dich bestimmt sind. Eine ist von einem Ermittler, eine ist von Interpol, eine von einem Detektiv und eine von einer nichts sagenden Firma.“
“Oh Scheiße“, mehr brachte Richard nicht heraus sein Mund stand offen.
Stella: “Ich bin darauf in meine Wohnung, habe meine Sachen gepackt und habe die alte Frau gewarnt. Ich musste meine Wohnung über das Dachfenster verlassen, während jemand meine Tür aufgebrochen

hat. Als ich über das Dach lief, sah ich das es nicht die Polizei war, die so schnell vor Ort war, die war zwei Minuten später da."
Während sie berichtete, schoss ihr Blut ins Gesicht. Ihre Augen funkelten wütend.
"Hör mal Stella, es tut mir leid. Ich kann alles erklären."
"Es tut dir leid? Ich bin wieder auf der Flucht, der Bunker existiert seit Jahrzehnten und ist nie aufgeflogen. Wir haben Abmachungen mit der Polizei. Du tauchst hier auf und innerhalb von einer Woche stehen wir kurz davor, den Laden dicht zu machen." Auf ihre Stirn trat eine Ader hervor, die immer größer wurde.
"Stella, hör mir zu, ich bin in ein paar Finanz-Angelegenheiten verwickelt. Ich kann aber nicht darüber reden."
Stella griff hinter sich, als ihre Hand wieder zum Vorschein kam befand sich eine Handfeuerwaffe darin. Er meinte das Modell aus einem Videospiel erkennen zu kennen, CZ 9mm mindestens 12 Schuss oder waren es 16?

Sie ließ den Schlitten der Waffe zurückspringen. Die Waffe war scharf und durchgeladen. Sie zielte auf seinen Kopf, es waren kaum 4 Meter zwischen ihnen. Bis er sich aufgerichtet hätte, würden Hautfetzen mit grauen Stücken Gehirnmasse an der Wand kleben. Der Bunker hätte wieder neue Farben bekommen und seine Reise wäre hier beendet.

"Kannst du immer noch nicht reden? Spuck es aus, den Teil kann ich mir sowieso schon zusammenreimen, die Unterlagen die am Abend der Grillparty hier auf dem Boden lagen."

"Kurz bevor ich hierherkam, wollte ich Selbstmord begehen. Als ich hier ankam, hatte ich meinen alten Arbeitgeber um 250.000€ erleichtert."

"Du bist also ein gewöhnlicher Verbrecher, weißt du noch was man dir vor dem Check In gesagt hat."

"Ja weiß ich, mach den Laptop auf, da ist eine SD-Karte. Da sind Daten mit denen du Zugriff zu 15 Millionen Euro erhältst."

“Du hast vielleicht Nerven, ich habe Lust dich einfach nur zu erschießen. Raus kaufen kannst du dich hier sowieso nicht. Du weißt nicht wer wir sind.“
“Hör zu.“ Weiter kam er nicht.
“Du hörst zu, dieser Bunker hilft politischen Flüchtlingen. Menschen, in deren Ländern ein Bürgerkrieg tobt, die auf der Flucht sind, die getötet werden, wegen der Art und Weise wie sie geboren wurde. Wegen ihrer Einstellung. Wegen ihrer Arbeit. Nicht so Gesindel, wie du es bist. Du spielst mit dem Schicksal von Menschen die nichts zu verlieren haben, das weißt du! Was glaubst du, zu was die fähig sind?“
“STELLA, verdammte scheiße. Drück endlich ab oder lass mich zu Ende reden!“

Ein Schuss hallte durch den Bunker. Richard und Stella sahen sich in die Augen. Richard spürte nichts, kein Rauch von der Explosion der Patrone stand im Raum. Nichts.

Der Schuss musste im Vorraum gefallen sein, es fielen weitere Schüsse. Eine Sirene sprang an, es war das Jaulen des Fliegeralarms, der Ton stieg und hielt die Höhe kurz. Er fiel rasch und stieg wieder, das Geheul der Sirene wurde von Schüssen zerschnitten. Richard stand auf und ging auf Stella zu, bis seine Stirn gegen die Mündung der Waffe gepresst war. Sein Gesicht war grimmig und entschlossen.
"Ich bin in internationalen Bankenbetrug verwickelt, mein Plan ist es Steueroasen trocken zu legen und die Staatshaushalte aller Länder zu sanieren, die Millenumsziele zu verwirklichen. Ich bin ein Verbrecher, der Geld stielt von den falschen Leuten." Er schaute zu Boden und atmete aus.
Richard setzte die Erklärung fort: "Ich tue, dass weil die Weltgemeinschaft dabei zuschaut, wie fast eine Milliarde Menschen hungern und es nur eines politischen Willens bedarf, um das zu unterbinden."
Stella lächelte und lies die Waffe sinken, sie deutete auf die Tasche. "Ich wusste, dass du

eine gute Seele hast. Greif in die Tasche, da ist eine zweite Waffe.“ Ob dieser Richard nun das war, was er vorgab oder nicht. Sie brauchte ihn, um lebend hier rauszukommen.
Vom Gang war eine Stimme zu hören “Hier unten sind weitere Räume. Schickt noch ein paar Männer rein.“
Richard nahm die Waffe und lud sie durch. Er hatte vorher noch nie eine echte Waffe in der Hand gehalten. Zum Glück waren sie in einem Bunker, weite Flächen hätten ihn kein Ziel treffen lassen. Stella holte eine Granate aus der Tasche hervor, zog den Ring und ließ sie fallen.

Richard brauchte eine Sekunde um zu begreifen, dass es eine Rauchgranate war. Sie ging zu Tür hinaus und schoss 3-mal, Schreie hallten durch den Flur. Die Sporttasche über die Schulter fixierte Stella mit ihrem Blick die Treppe. Richard folgte ihr mit dem Koffer. All das Geld. Wertlos ohne die Dokumente, ohne den Laptop.

“In der zweiten Etage, gibt es einen Raum in dem ein Gang nach draußen führt.“ sagte Stella und zog zwei weitere Granaten aus ihrer Tasche, eine warf sie auf die Zwischenetage, wo die Treppe eine 180 Grad Kurve machte, die andere ließ sie vor ihre Füße fallen.
Richard drückte sich an ihr vorbei, während sie die Treppe im Auge behielt. EEs waren die schnellen Schritte von Stiefeln zu hören. Richard ging die Treppe zu Hälfte hoch, er hielt die Waffe viel zu krampfhaft. Da sah er einen Maskierten, die Waffe im Anschlag, den Kopf gerade zur Seite gewendet. Richard schoss drei Mal, der dritte Schuss traf.
Wenn man mit einer verkrampften Hand die Waffe hält, verzieht man während dem Abdrücken den Schuss, wenn der Zeigefinger zu eng oder zu lose ist trifft man oftmals nicht einmal ein Ziel, das direkt vor einem steht.
Die Augen unter der Maske hatten ihn jetzt im Blick. Der Maskierte schaute ihm direkt in die Augen. Er drückte noch einmal ab. Der

Angreifer sackte zusammen. Hätte der Maskierte diesen einen Augenblick, nicht über seinen Rücken zur Seite geschaut, wäre Richard tot gewesen oder zumindest verwundet. Der leblose Körper glitt langsam die Treppe hinunter. Richards Herz raste, ihm wurde übel. Er kotze auf den Toten, Blut und Ravioli liefen die Treppe hinunter, ein paar Sekunden später floss Nebel über die Leiche. Die Rauchgranaten waren dabei, jede Sicht nehmen.
Von unten kam wieder die Stimme, diesmal etwas panisch: "Verstärkung, Verstärkung."
Eine halbe Treppenetage lag noch vor ihnen, seinen Schießkünsten nach zu urteilen konnte er vielleicht drei oder vier weitere Personen erledigen, bis das Magazin leer war. Ohne eine Deckung konnte ihm das zum Verhängnis werden.
Stella stellte die Tasche auf der letzten Treppenstufe ab und kramte in der Tasche. Sie zog eine UZI heraus und flüsterte in sein Ohr: "Alles in Ordnung? Ich brauch dich jetzt."

Richard erwiderte: “Geht schon.“
“Schieß, während ich die Treppe hochlaufe dein ganzes Magazin leer.“
War er ihr Lockvogel oder sie seiner? Richard lehnte sich um die Ecke und begann zu feuern, er hörte Schreie, er hatte jemanden getroffen. Die Schüsse wurden erwidert, Stella war geduckt den zweiten Treppenabschnitt hinaufgekrochen. Das metallische Klacken der Entsicherung war zu hören, sie warf die Waffe in den Flur der zweiten Etage. Als die UZI auf dem Boden aufkam löste sich der erste Schuss und der Rückstoßlader feuerte das Magazin leer. Beim Militär wurde genau diese Funktion verwendet, um Räume zu säubern, ohne sie stürmen zu müssen. Es waren unzählige Patronenhülsen zu hören, die auf dem Boden aufschlugen. Richard starrte fassungslos in die zweite Etage, sah den Feuerblitzen der Waffe zu und fragte sich, wer diese Stella war. Stella hatte in der Zwischenzeit zwei weitere Gasgranaten entsichert und die Beiden lagen jetzt in der zweiten Etage.

Richard hatte noch kein neues Magazin geladen, als Stella in sein Ohr flüsterte: “Dritte Tür links, lauf los!“

Er lief los, sie folgte dicht hinter ihm. Als sie vor der Tür standen, war der Flur kaum noch zu erkennen. Alles war voller Rauch. Die Kellerraumtür fiel ins Schloss und Stella trat ein paar Stühle zur Seite.

“Hilf mir den Schrank vor die Tür zu stellen“, forderte sie Richard auf.

Er packte mit an und sie stellen einen alten Eichenholzschrank vor die Eingangstür. hinter dem Schrank war eine Tür in der Wand. Sie fiel hinter ihnen zu. Sie gingen eine ganze Weile im Dunkeln, es war feucht und roch modrig. Sie gingen schweigend mindestens 1000 Schritte, bis sie wieder eine Tür sahen. Richard hatte ein paar Blutspritzer auf den Kleidern, an seiner Hand hatte ihn eine herausspringende Patronenhülse verbrannt. Stella war unversehrt und wahrscheinlich froh, dass ihre Sporttasche leichter war. Sie standen vor der Tür und Stella suchte in ihrer Tasche nach dem

Schlüssel. Als sie ihn fand, hielt sie ihn Richard vor die Nase.
“Da haben wir nochmal Glück gehabt.“
Richard antwortete: “Ich Glück, du sahst ziemlich routiniert aus.“
Stella drehte sich um und grinste ihn an und sagte: „Du hast keine Ahnung wer ich bin.“
“Warte bevor du aufschließt.“
Stella zog eine Augenbraue hoch.
“Warum?“
Richard trat an sie heran und flüsterte ihr ins Ohr:
„Danke, dass du mir zum zweiten Mal das Leben gerettet hast. Ich schulde dir was.“
Stella biss sich auf die Lippe und sah ihn an.
“Du schuldest mir noch einen Kuss.“ sagte sie leise.
Er griff mit seiner Hand an ihren Hinterkopf und zog sie die letzten Zentimeter die noch zwischen ihnen waren an sich heran und küsste sie.

Das Adrenalin was in seinen Venen brannte, machte Platz für Endorphine, ein warmes

angenehmes Kribbeln schoss durch seinen Körper.
Für einen Augenblick schien die Zeit still zu stehen, dann ließen die beiden voneinander ab. Sie waren auf der Flucht, sie mussten die Insel verlassen. Er öffnete seinen Koffer und nahm die SD-Karte aus dem Laptop und reichte sie ihr.

Dazu sagte er: “Falls du es nicht schaffst, mich zu beschützen.“
“Wie viel ist das?“, fragte Stella.

“Mindestens 15 Millionen, lies dir alles genau durch, bevor du dich dranmachst, dann sollte es kein Problem sein an das Geld zu kommen“
“Danke.“

Stella schloss die Türe auf und sie traten unter den freien Himmel. Der Ausgang war zwischen Felsen, in der Nähe des Meeres versteckt. Ein Blick auf das Meer verriet, dass

sie von der Insel heute weder mit dem Bot noch mit einem Flieger verlassen könnten. Der Eingang war in eine überhängende Felswand geschlagen, ein paar Meter weiter tropfte es schon, noch ein paar Schritte und ein starker Regen nahm die Sicht.
"Stella ich weiß wir dürfen keine Zeit verlieren, aber ich muss meine E-Mails checken."
"Das kannst du machen, wenn wir beim Haus der alten Frau sind. Wir müssen Land gewinnen und das ist auf einer so kleinen Insel kaum möglich."
Sie gingen los. Sie waren vielleicht 500 Meter gelaufen, da hörten sie einen lauten Knall, Blitze zuckten am Himmel. Der Bunkereingang lag weit außer Sichtweite. Richard sah die Gesichter der anderen Bewohner des Bunkers vor sich, wahrscheinlich waren sie alle tot. Den einen oder anderen folterten sie wahrscheinlich, um herauszufinden wo er steckte.
Er war der Grund, warum eine Handvoll Flüchtlinge, die der Verfolgung in ihrem

Heimatland entgangen waren, nun doch hingerichtet wurden. Er hatte irgendwo mal in einem Buch gelesen, dass es keinen Zweck gibt, sondern nur Mittel. In der Wertevorstellung des Überfallkommandos taten sie das Richtige, sie waren ein notwendiges Übel, dass die Welt im Gleichgewicht hielt. Klar kam bei ihnen bestimmt mal ein Gewissensbiss auf, doch ein Job ist ein Job. Jeder muss essen und jeder tut was er kann, manche sind eben gut dabei, eine Waffe zu bedienen. Er hielt das Sprichwort für falsch, Zwecke könnten die Mittel heiligen, es kam nur auf die Moral an.

Stella und er waren vom Regen ganz durchweicht, sie schwiegen und gingen mit schnellem Schritt. Sie kannte den Weg und er war ihr Schatten, wenn ab und zu ein Blitz alles erleuchtete, konnte er sehen wie Regentropfen über ihren Rücken, die enge Jeans hinunterliefen.
So eine starke Frau hätte er wahrscheinlich in seinem alten Leben gebraucht, doch er hatte

nie eine gefunden die nicht anfing zu weinen, wenn es regnete. Er brauchte eine mit der er im Regen tanzen konnte, er brauchte Stella und sie hoffentlich ihn.

Als er den Koffer gekauft hatte, wies ihn der Verkäufer extra darauf hin, dass dieser Koffer auch regenfest war. Damals dachte er noch, was es für ein Schwachsinn sei, einen Reisekoffer wasserdicht zu machen. Als ob es in einem Flugzeug oder in einem Schiff regnet, wenn das Wasser in einem der beiden Fortbewegungsmittel stand, waren nasse Gepäckstücke das geringste Problem.
Er sah den Tätowierten vor sich, ob sie ihm wohl in den Kopf geschossen hatten oder in die Brust? Hatte es eines der Opfer vielleicht verdient zu sterben, hatte er möglicherweise mit einem Mörder den Bunker geteilt? Er begriff langsam das er nur nach einer Rechtfertigung suchte, einem Grund, sich nicht selber die Schuld dafür zu geben.
Was Stella im Bunker gesagt hatte, eine „unscheinbare Firma“, Interpol,

Landespolizei. Doch der ganze Aufwand für eine Viertelmillion? Da war noch die Wasserversorgung und der Benzilsäureester. Das war doch aber nur ein Traum gewesen, richtig? Sicher war nur, das dies die Vorhut gewesen war, sie würden mehr schicken, die Privaten und die staatlichen Sicherheitsorgane koordinierten wahrscheinlich gerade ihren jeweiligen nächsten Schritt. Doch das ergab nur Sinn, wenn sie von seinem Plan wussten. Wieso eskalierte das Ganze so schnell?

Die Polizei wollte nur mit ihm reden, ihn wahrscheinlich dabehalten zur ausgiebigen Befragung, das machte ihm weniger Angst. Die Sicherheitsmaßnahmen, die er gegen staatliche Gewalt getroffen hatte, waren nahezu perfekt. Doch wem hatte er ans Bein gepinkelt, dass ein Killer-Kommando auf ihn angesetzt wurde? Es ergab keinen Sinn, 250.000€ hatte er seinem alten Boss gestohlen, er wusste nicht wie viel man tatsächlich für einen Mord bezahlen musste.

Er hatte auf der zweiten Etage sechs Tote gezählt, auf der dritten waren es zwei gewesen. Macht zusammen acht, wie viel zahlt man für acht Morde? Was war los?

Stella drehte sich um und sagte: “Hast du mich verstanden?“
“Nein, was, ich war abgelenkt. Ich war im Bunker und hab Leichen gezählt.“
“Wir sind fast da, ich gehe in das Haus hinein und du läufst um das Haus herum und gehst zum Steg und steigst in das Boot.“
Richard nickte. Was für ein Boot, hatte sie in letzter Zeit mal auf das Meer hinausgeschaut, Blitze zuckten im Sekundentakt, es wäre Selbstmord jetzt auf das offene Meer hinaus zu fahren. Sie drehte sich zu ihm um und lächelte. Er erwiderte das Lächeln, drehte sich um und lief Richtung Steg.
Hinter dem Haus hingen ein paar Wäscheleinen und ein alter Holzsteg führte ins Meer. Er war nass und rutschig, immer wieder verlor er beinahe den Halt. Das Boot

war gar nicht so klein, es sah aus wie ein Fischerboot. Doch der Bunker bietet keinen Gratisfisch an, er schmuggelt Menschen. Du wirst illegal, wenn ein Papier nicht das Gegenteil behauptet, wenn du Landesgrenzen überquerst. So wie die alte Frau illegal geworden war, als sie die Nürnberger Rassegesetze verabschiedet hatten. Das war auch nur ein Stück Papier gewesen, das behauptete, dass sie keine Rechte habe.
Das Meer war wütend, Gischt stieb ihm ins Gesicht. Der Regen hatte ihn komplett eingeweicht. Als er auf das Boot stieg, wäre er beinahe ins Wasser gefallen.
Er schaute zum Haus, die Hintertür stand offen und es drang Licht nach draußen. Er erkannte Stellas Gestalt, sie drehte sich um, da war die alte Frau. Stella umarmte sie und lief zum Steg. Mit einem Satz sprang sie auf das Boot, sie öffnete die Türe zum Schiffsinneren und startete den Motor. Richard band das Schiff los, der Motor

gluckerte ein paar Mal und schnaubte dann schnell und gleichmäßig.
Er ging wieder in das Innere des Bootes, im Heck befand sich eine Küche, mit Vorräten, einer Essnische und einem Schlafteil. Der Bug war wesentlich länger, dort war wahrscheinlich ein Frachtraum der für mehr Personen Unterschlupf bot. Es war eigentlich schon ein kleines Schiff oder war das noch ein Boot? Er wurde von Stella aus den Gedanken gerissen.
Stella sah ihn fragend an: "Frankreich oder England?"
"Du stellst Fragen. Portugal?"
Stella: "Soweit werden wir nicht kommen. Wir fahren erst mal von der Insel weg, überleg dir, wo wir an Land gehen sollen."
Richard ging in die Kochnische und überlegte, er hätte gerne die Schränke aufgemacht doch das Boot schaukelte zu sehr. Es war die dümmste oder die genialste Idee gerade in diesem Wetter die Insel zu verlassen, er hoffte, dass es letzteres war und sie den Sturm gut überstehen würden.

Richard hatte sich entschieden: “England“
“Haben wir nicht in Frankreich mehr Möglichkeiten uns abzusetzen?“
“Ja haben wir, deshalb wird man uns dort eher erwarten.“
“Gut, aber dann sind wir in England. Das ist eine Einbahnstraße.“
„Wenn du meinst.“

Richard lächelte sie an, das Boot schaukelte wild umher. Sie hatte das Ruder fest in ihrer Hand. Es war wohl nicht das erste Mal, dass sie mit diesem Boot fuhr. Es gab nicht viel was er tun konnte, also ging er in die Kochnische, holte seinen Laptop heraus und begann zu tippen.
Ein Signal für mobiles Internet erhielt er nicht mehr, doch konnte er eine weitere Bank anfertigen. All diese Institute brachten ihn zwar nicht unbedingt näher zu einem Zentralbank-Zugang, doch es war besser die Zeit zu nutzen und zu arbeiten anstatt Stella auf den Hintern zu starren.

“Ach so die SD-Karte die du mir gegeben hast, habe ich dir alten Frau gegeben. Nach dem ihr Lebenswerk in sich zusammen brach, dachte mir das sie es damit vielleicht wiederaufbauen kann“, sagte Stella.
“Gute Idee, das hilft mir mein Gewissen etwas im Zaum zu halten.“
“Sie hat jemand der sich mit Papierkram auskennt, ich geh erst mal nicht dorthin zurück.
“Ich mach dir eine neue Karte fertig.“
“Das brauchst du nicht, mir geht es nicht ums Geld.“
“Ich mach dir eine ob du willst oder nicht. Ich lade dir die restlichen Eckdaten meines Planes mit darauf.“
“Warum?“
“Wenn mir etwas zustößt, kannst du mit dem Plan weiter machen, wenn du möchtest.“
Sie drehte sich um und schaute im in die Augen. Ihr Haar war noch immer nass, die Kleider trockneten nur langsam. Unter ihrem Oberteil zeichnete sich ihr Büstenhalter ab.

Er biss sich in die Faust, sie lächelte als Antwort auf diese Geste.
“Wie ich gesagt hatte, wenn man dir in die Augen schaut merkt man, dass du einen Plan hast.“
“Den Plan hatte ich schon vor zehn Jahren, in auszuführen kostete aber immer zu viel.“
“Wie meinst du das?“
“Erst als ich nichts mehr zu verlieren hatte, hatte ich die Eier, tatsächlich in Aktion zu treten.“
“Du kannst in ein paar Stunden Arbeit, ein paar Millionen machen und hattest Angst davor?“
“Nicht um mich.“
Stella warf ihm einen kurzen traurigen Blick zu, sie verstand. Er meinte den Bunker, er meinte sie, in seiner Nähe zu sein war eine Gefahr. Er war eine Gefahr. War er die Gefahr?

“Die alte Frau brachte mir bei, eine feine Nase zu haben. Den Ärger den Menschen mit

sich bringen zu sehen, bevor man sie in sein Leben lässt."
Richard kniff die Wangenmuskeln zusammen, als er das hörte.
"Wir waren uns beide einig das du nach Ärger rochst, als du an die Bunkertür geklopft hast."
"Aber?"
"Von dir geht keine Gefahr aus, du hast eine gute Seele."
"Was ist dann im Bunker passiert?
"Es ist die Reaktion, die du in anderen auslöst. Du bist nicht besser, als ein Selbstmordattentäter, nur deine Motivation ist ehrbarer."
"Was soll das heißen? Was meinst du damit?"
"Du bist im Bunker aufgesprungen und hast mir deine Stirn gegen meine Waffe gepresst. Du bist bereit für deine Ideale zu sterben."
"Ich bin entschlossen, trotzdem würde ich es vorziehen meinen Tod zu vermeiden."
"Ich habe dein Testament gelesen als du bewusstlos warst."

Was wollte sie? Wurde er gerade verurteilt. Richtete sie über ihn?
“Wer gibt dir das Recht, deine Moral über meine zu stellen?“
„Wer gibt dir das Recht, deine Moral über die anderer zu stellen?“
Sie hatte beide Recht und sie wussten es.
Er versuchte, sich zu verteidigen: “Während die rechtschaffenen Menschen, die Gutes schaffen wollen und Frieden stiften möchten, diskutieren, was genau gut und richtig und Friede ist, geht die Welt zugrunde. Ich handle wenigstens.“
Stella drehte sich um, sie war erstaunt, das stand ihr ins Gesicht die geschrieben.
Richard fuhr fort: “Kritik üben und es besser wissen, wenn man scheitert, das kann jeder. Ich stehe zumindest auf und versuche es. Ich habe keine Zweifel mehr, du hast mein Testament gelesen. Du weißt wie der Plan lautet.
Stella sah ihn an: “Du wirst sterben, früher oder später.“
“Ich werde lebendig sterben.“

“Mit einer finanziellen Massenvernichtungswaffe um die Brust geschürt.“

“Ich möchte die Menschen mit der Macht der Demokratie vereinen. Ich möchte mit allen für eine neue Welt kämpfen, für eine anständige Welt kämpfen. Um den Kindern eine Zukunft und alten Menschen Sicherheit zu bieten. Ich möchte eine freie Welt ohne Grenzen, ohne Gier, ohne Hass und ohne Intoleranz. Ich möchte den Hunger ausrotten.“

Stellas Sarkasmus war ätzend: “Bisher sind nur ein paar Auftragsmörder und Flüchtlinge gestorben.“

Richard brüllte jetzt:“ ICH HABE WENIGSTEN DIE COURAGE FÜR DAS RICHTIGE SCHEITERN.“ Er konnte nicht anders als diese Worte zu schreien, es ging einfach nicht anders. Stella starte ihn mit weit aufgerissenen Augen an.

“Und ja, die Toten im Bunker gehen auf mein Konto.“

Sie ließ das Ruder los und ging zu ihm im und küsste, seine Wange. Der Sturm war ruhiger geworden, das Radar würde ihnen durch ein lautes Warnsignal andeuten falls ein anderes Schiff ihre Route kreuzte. Stella flüsterte in sein Ohr.
Stella: "Du wirst für das Richtige scheitern, doch du selber bist kein edler Held. Du bist ein Schurke mit Gewissen, mehr nicht."
Er wurde aus dieser Frau nicht schlau und sie setze sich auf seinen Schoss und schob den Laptop zur Seite.
Stella erklärte: "Wenn du die öffentliche Meinung zu einem Thema änderst möchtest, musst du ihnen die Augen öffnen, doch das denken immer noch jedem selber überlassen."
Richard erwiderte: "Nichts wird sich dauerhaft ändern, bis es jeder selber begriffen hat, das ist mir klar. Kulturelle Hegemonie erringen ist nicht einfach aber machbar. Ich möchte nur die Aufmerksamkeit der Massen, nicht ihre Gefolgschaft."

Sie lächelte ihn an.
“Halt endlich die Klappe.“
Sie küsste ihn. Er erwiderte ihre Initiative indem er sie näher an sich heranzog. Sie lagen sich in den Armen und die Zeit stand still. Er schaute sie an und lächelte.
Richard: “Gibt es auf dem Schiff Kleidung? Wir werden uns erkälten, wenn wir nicht aus den nassen Kleidern kommen.“
Stella zog ihr Oberteil aus, dann stand sie auf und hängte es über das Steuerrad. Richard war aufgestanden und hatte Probleme, aus dem T-Shirt zu kommen. Die Nässe machte die Kleidung klebrig, er rauchte zwar und trank. Doch ein paar Liegestützen machte er immer, um fit zu bleiben. Reines Krafttraining, ohne Dehnübungen, half zwar Muskelmasse aufzubauen, aber nicht unbedingt beweglicher zu werden. Als sie ihm auf dem T-Shirt geholfen hatte, musterte sie ihn und sagte:
„Nein wir haben keine Ersatzkleidung auf dem Boot. Wir müssen die Kleider zum trocken aufhängen.“

Als sie die letzten Worte des Satzes gesprochen hatte, hatte sie den letzten Knopf ihrer Jeans geöffnet. Sie drehte sich um, ging zur Schlafnische und setze sich auf das Fußende.
“Hilfst du mir die Jeans loszuwerden? Ich bekomme sie schon im trockenen Zustand kaum ausgezogen.“ Sie schaute ihn lüstern an.
Richard spielte mit: “Würde es helfen, wenn ich vorher meine Hose loswerden?“
Sie biss sich auf die Lippe und nickte. Richard legte seine Hose über den Tisch, an dem kurz vorher noch gesessen hatte und folgte ihr in die Schlafnische. Ihre feuchten Haare ließen ein paar Wassertropfen über ihr Dekolleté laufen. Er küsste sie und zog ihr danach die Hose aus und auch ihr Slipp musste zum Trocknen aufgehangen werden. Er vergrub seinen Kopf in ihrem Schoss, sie stöhnte einige Male bis sie ihn zu sich hochzog und auch er das letzte Kleidungsstück loswurde.

Eine Stunde später, gab der Radar Alarm. Stella ging zum Ruder, nahm das Mikrophon und gab dem Schiff das ihren Kurs störte, die Kurskorrektur durch. Richard schaute ihr nach und lehnte den Kopf zur Seite.
Stella: "Wir sind bald da, auf deiner rechten Seite ist ein Schrank mit Ersatzkleidern."
Richard: "Wir haben Ersatzkleider?"
Sie lachte. Er stimmte in ihr Lachen ein. Sie zogen sich an und Richard fand eine Schachtel John Player Burning als er seine Unterlagen und seinen Laptop im Koffer verstaute. Er hatte seit Stunden keine Zigarette mehr geraucht, Stella war aber auch interessanter, als Rauchwolken zu produzieren. Er zündete sich eine Zigarette an und hob ihr die Schachtel hin:
„Willst du auch nochmal einen kleinen Tod?"
Stella lachte: "Das wäre der dritte, aber ja warum nicht, du scheinst dich mit französischer Kultur auszukennen."
Es gefiel ihm das den subtilen Witz verstanden hatte. Sie lachten und bliesen sich Gegenseitig Rauch in die Gesichter.

Stella wurde ernst: “Wie sieht eigentlich der Plan aus, wenn wir an Land kommen?“
“Ich brauche eine Internetverbindung und ein paar Tage Zeit zu arbeiten, um den Plan weiter zu verfolgen. In der Hoffnung das wir diese Zeit haben und selber nicht weiterverfolgt werden.“
“Wir können in Frankreich auf einer privaten Anlegestelle an Land gehen, wir sollten versuchen weiter Land zu gewinnen, Nantes oder Bordeaux.“
“Schaffen wir das mit dem Boot?“
“Es wäre klüger, das Boot zurück zu lassen. Es gehört sowieso nicht uns und wird sicherlich bereits in Polizeiakten mit Flüchtlingstransport in Verbindung gebracht.“
“Bordeaux hört sich gut an, ich habe genüg Bargeld um bei einem Händler einen Gebrauchtwagen zu kaufen. Bis wir dort ankommen, kann ich bei einer Bank mehr hohlen.“
“Was bist du? Eine Art Hacker?“

“Weit gefehlt, ich kenne mich gut mit Finanzen das ist alles.“
“Ist das legal?“
“Mein Startkapital, habe ich geklaut. Ein paar Dokumente sind gefälscht aber im Grunde ist es alles legal.“
“Warum ist dir dann ein Killerkommando hinter dir her? Ich versteh das dir die Polizei nachrennt, aber was sollen die Inoffiziellen?“
“In dem Koffer den ich dich abholen geschickt habe, war eine Dokumentation meines Planes. Wenn man alles aufmerksam liest, stellt man fest das ich dabei bin 20 Billionen Euro zu stehlen, vielleicht auch 30 kommt darauf an wie viel Geld tatsächlich da ist.“
Stella wollte ihn berichtigen: “Du meinst Milliarden, oder?“
“20-30 Billionen Euro, 20.000 bis 30.000 Milliarden die Gesamtsumme ist noch nicht raus.“
Stella starrte ihn mit offenen Mund an, er schob ihr Kinn hoch und küsste sie.

Als sich ihre Lippen wieder voneinander getrennt hatten, fragte Stella: “Die europäische Union hat 2011, mit einer halben Milliarde Menschen 12,5 Billionen Umsatz gemacht, wem zur Hölle stiehlst du so viel Geld?“
“Ich werde die Steueroasen schließen, da liegt das Geld. ich würde gerne zu 100 Prozent besteuern. Damit sanieren wir die Staatshaushalte und es bleibt genügend Geld übrig, um den Hunger auszurotten.“
“Kein Wunder, dass sie dir Auftragsmörder auf den Hals hetzen.“
Sie schwiegen eine Weile.
Stella hakte nach: “Wie willst du die Steueroasen schließen?“
Richard: “Ich gründe eine eigene Bank, leihe mir Geld von der Zentralbank und stecke es in eine Stiftung, die sich darum kümmert. Um die Stiftung aufzuhalten müssen die Steueroasen geschlossen werden, wenn die Stiftung vorher nicht schon ihr Ziel auf legalem Wege erreicht hat.“

“Hast du bereits Zugang zu einer Zentralbank?“
“Nein das ist der nächste Schritt, aber ich habe knapp 100 Millionen Euro zusammen gegaunert, das sollte als Sicherheit reichen um eine ordentliche Bank, mit Zugang zur Zentralbank zu gründen.“
Stella schüttelte den Kopf: “Du bist größenwahnsinnig.“
“Schön das es dir aufgefallen ist.“ Er zwinkerte ihr zu.
Natürlich war es größenwahnsinnig, zu versuchen die Welt zu einem besseren Ort für alle Menschen zu machen. Ja, sein Plan ging weit, sehr weit, doch die kindische Ausrede “Was kann ein Mensch schon ausrichten“ stank ihm schon immer. Diese infantile Impotenz, die in dem Ausspruch mitschwang. Jede große Person der Weltgeschichte, hat genauso viele Stunden pro Tag wie gehabt, wie er. Jede dieser Personen schlief, trank, schiss wie du und ich und hörte wahrscheinlich denselben Mist darüber, wie wenig Einfluss sie über ihr

Leben hätten. Du hast keinen Feind, außer dem, der dir im Nacken sitzt und dir ins Ohr flüstert:
„Du kannst das nicht."
„Ich kann das ich bin der Krieger des Lichts."

Sie gingen an Land und ließen das Boot im Hafen von Pornichet, einem kleinen Küstenort nicht weit von Nantes.

Das Unwetter das die Insel heimgesucht hatte, war weitergezogen. Es war ihnen auf den Fersen, es war weniger bedrohlich als die staatlichen oder privaten Verfolger, aber dennoch folgte es ihnen und baute sich am Horizont erneut auf. Die Wolkenberge stiegen auf und Richard trat auf das Gaspedal. Beide waren froh, dass der Verkäufer, sich nicht weiter für die ungewöhnliche Zahlungsmethode interessiert hatte. Wer zahlte heute noch in Bar? Heutzutage läuft alles elektronisch ab, jeder Bereich des Lebens wird in die Digitale Welt gezogen. An einem Sicherheitscheck im Flughafen fiel man auf, wenn man kein Tablet oder Laptop bei sich hatte, sondern nur Bücher. Ein wenig Unmut blieb in Richards Gedanken bestehen, wenn Bargeld kein Problem war, gab es vielleicht auch ein Problem mit dem Auto. Er kannte sich mit Autos kaum aus und ein defektes Abgas-Rückführ-Ventil oder Drosselklappe hätte er auch nicht mit einem Blick auf den Motor gesehen. Halt war das nicht ein und dasselbe? Sie verließen die Stadt über eine Landstraße, die Autobahn war keine Option gewesen, zu viele intelligente Schilder für Staumessungen. Zu viele Kameras, falls es einem der Verfolger gelingen sollte den Wagen mit ihnen in Verbindung zu bringen, war ihre Strecke einfach zu nachzuvollziehen. Alles in der Hoffnung, das ihre aktuellen Namen nicht auch schon kompromittiert waren. Ein paar Tropfen Regen fielen auf die Windschutzscheibe.

Richard fragte: „Glaubst du wir brauchen neue Namen?“

“Warum?“

Richard: “Naja vielleicht könnten die Leute, die hinter dem Kommando stecken, deinen oder meinen neuen Namen mit meiner alten Identität in Verbindung bringen.“

“Das kann eventuell notwendig werden, aber ein erneuter Wechsel ist auch mit Risiken verbunden. Fahr ein wenig langsamer, wenn du nicht auffallen willst. Das wäre schonmal ein Anfang.“

“Wir warten also bis, sie erneut auf uns schießen? Ich berühr das Gaspedal kaum.“

“Ja das tun wir. Fahr langsamer, es regnet.“

Tropfen liefen schräg die Scheiben hinunter.

Richard hatte Fuß vom Gaspedal genommen, aber der Drehzahlmesser machte keinerlei Anstalten darauf zu reagieren.

“Stella!“

Sie begriff nicht sofort.

“Schau auf das Gaspedal, dann auf den Drehzahlmesser.“

“Nein, nein, nein. Wie weit kannst du runter bremsen? Halt an.“

Er trat auf das Bremspedal, sie waren eine kleine Wenigkeit zu schnell, für die nächste Kurve. Die Reifen würden wahrscheinlich quietschen. Er trat und spürte keinen Widerstand. Stella beobachtete ihn dabei. Die Verfolger wussten wo sie waren, vielleicht aber auch nur ein Marder, auf der Suche nach Nahrung, schlechte Wartung, irgendwas nur keine Verfolger, bitte. Bitte!

Schoss es Richard durch den Kopf. Er dreht sich um, kein Auto hinter ihnen.

“Stella, bist du richtig angeschnallt.“

“Ja bin ich.“

“Gut, mach dich bereit.“

Es knallte als er in die Kurve hineinfuhr, er schlug mit dem Kinn auf das Lenkrad auf. Der Reifen war geplatzt. Seine Lippe platze, Speichel und Blut füllte seine Mundhöhle. Die Zeit schien einen Gang zurückzuschalten. Aus purem Reflex griff er sich mit einer Hand an den Mund, seine blutigen Finger wischte er schnell an der Hose ab. Er hatte beide Hände wieder am Lenkrad, der Geschmack von Metall wich nicht mehr aus seinem Mund. Die Zeit floss immer langsamer dahin, wie ein Eimer der in der in der Einfahrt ausgegossen wurde, wurde der Strom dünner. Beide Hände an das voll eingeschlagene Lenkrad geklammert, wandte er seinen Blick von den letzten Metern Straße, die zwischen dem Auto und der Leitplanke lagen, ab. Stella sah ihn an, er sah in ihre Augen. Seine Lippen gingen auseinander und er sagte: „Ich“.

Die Leitplanke, brach wie eine Salzstange. Der Lärm des Aufpralls, ließ die Ohren klingeln. Das Auto flog, die Reifen drehten durch. Der Motor schnaubte wütend, all seine Kraft fand keinen Boden mehr.

„Dich“.

In der Schule hatte er einmal die Wurfparabel lernen müssen. Wie weit wäre das Auto wohl geflogen, ohne den Baum der nur zwei Wagenlängen von der Fahrbahn entfernt stand. Wie oft hätte sich das Auto beim Aufschlag überschlagen ohne diesen Baum. Wie viele gebrochene Rippen hätten sie zusammen gehabt, ohne diesen Baum.

Als die Wagenfront den Baum traf, verstummte alles. Das Gehör gab auf, zu aufdringlich waren die Schallwellen der Kollision. Der Motor umarmte den Baum, die Fahrerkabine versuchte zu folgen, doch als sie sich krümmte, sprang das Dach ab. Funkelnder Regen aus Glas folgte und verlieh der Szenerie einen gewissen Glanz.

Stella schrie von irgendwo her: “Richard, Richard!“

Sie hörte nur ein Gurgeln. Als sie nach rechts schaute, lief ihr ein Schauer über den Rücken. Ein Teil des Motorblockes hatte sich beim Aufprall gelöst, Richards Bauch war von einem Metallstück durchbohrt. Er blutete stark, seine Kleider, der Sitz, alles bekam einen roten Ton. Um seine Brust war die Farbe am kräftigsten. Von dort ausbreitete sie sich rasch aus.

Stella verlor die Nerven: “Richard, verdammte Scheiße, was soll das?“.

Sie hatte sich abgeschnallt, stand auf und fiel hin. Die Flüssigkeit im Ohr die für den Gleichgewichtssinn verantwortlich, schwappte noch. Die zog sich am Wrack des Autos hoch und lief zu Richards Seite. Er war eingeklemmt, er blutete wie ein Tier, das geschächtet wurde.

Stellas Augen füllten sich mit Tränen: “Tu mir das nicht an, bitte nicht!“

Sein gurgeln fing sich. Er versuchte zu sprechen und würgte Blut hoch, seine Pupillen blickten in verschiedene Richtungen. Er spuckte das Blut aus und schluckte, ein dünner, konstanter Fluss rotgefärbten Speichels, rann aus seinem Mundwinkel.

Richard sagte etwas, das sich wie:“KrKrKoffer“ anhörte.

Während er versuchte zu sprechen, stabilisierten sich seine Pupillen, er schaute Stella in die Augen. Sie stand da und hatte Tränen in den Augen.

“Koffer, Koffer, nimm Koffer. Lauf, Stella, lauf.“ brachte er heraus, jedes Wort gefolgt von einem Miniaturnebel aus Blut.

“Nein, ich bin hier. Ich bleib hier. Bei dir, du schaffst das.“

“Liebst du. Liebst du mich?“

“Ja, ich liebe dich.“

Was hätte sie ihm auch antworten können, hätte er gefragt ob er sie heiraten wolle, hätte sie ja gesagt. Sie hätte zu allem ja gesagt, das ihn aus dieser Lage befreit hätte. Ob nun ernst gemeint oder nicht, was sagt man einem Sterbenden? Zu allem das sein Licht noch eine Weile länger brennen lassen würde, hätte sie ja gesagt.

“Du liebst mich? Dann nimm den Koffer und lauf“.

Sie küsste Zeige und Mittelfinger, legte sie ihm auf die Stirn. Als sie seine Stirn berührte, schloss er die Augen. Sie hätte ihn gern geküsst, doch sein Gesicht war im Metall vergaben. Man sah es, doch es war kein Platz für einen zweiten Kopf. Sie ging zum Kofferraum, der einen Spalt offenstand, schlug einmal dagegen und er sprang auf. Sie nahm den Koffer und rannte los. Als sie ein kleines Waldstück erreichte drehte sie sich nicht mehr um. Sie scheuchte ein paar Raben auf, als sie durch den Wald rannte. Sie schrien, als sie sich aus den Baumwipfeln erhoben.

Ein Krankenwagen war vorgefahren, während Stella im Wald verschwand. Ein Feuerwehrauto, war noch nicht in Sicht und er war gefangen im Wrack. Die Sanitäter standen da und mussten untätig zusehen, wie er kämpfte. Um jeden Atemzug, um jeden Schlag den sein Herz noch schlug.

Richard wurde bewusstlos, das letzte was er noch sagen konnte war: „Mir kalt ist.“ Sein Körper gab den Verstand auf, doch er atmete. Ganz schwach wie eine Kerze, die kurz davor war, das letzte Wachs aufzubrauchen. Leise auszuhauchen, was einmal sein Leben war. Sein Licht brannte eine Weile ganz hell, doch auch nur sehr kurz. Das Adrenalin, das sogar die Zeit verlangsamen konnte, verlor seine Kraft. Sein Puls wurde schwächer und schwächer. Sein Körper krampfte ein letztes Mal und sein Herz stand still.

Der Boden vibrierte.

Er war auf dem Floß. Der Fährmann schaute ihn mit seinem augenlosen Gesicht an und streckte seine Hand aus. Sein Oberkörper war ausgemergelt und er wirkte unterernährt. Manche der Federn seines Kleides schienen gerupft zu sein. Er war in schlechter Verfassung. Auf seiner Hand tanze Ophanim, die in sich verschlungenen Ringe drehten sich und tanzten. Die Augen blinzelten.

„Warum bist du nicht nach Damaskus?“

Das war nicht die Stimme des Fährmannes, es war die Stimme des Kapitäns. Er drehte sich um, der Kapitän ging auf dem regungslosen Wasser. Seine Finger und die kleinen Hände an den Kuppen waren still.

„Ihr kennt euch?“

„Ja wir kennen dich.“

„Nein euch. Ihr kennt euch?“

„Immerzu stellst du die falschen Fragen.“

„Man zeigt dir den Weg, man weist ihn dir und du willst ihn nicht gehen.“

„Immerzu wehrst du dich.“

„Was passiert mit mir?“

„Du wirst nur verrückt, das ist alles.“

„Du hast deine Heimatstadt nie verlassen und wolltest Benzilsäureester in die Wasserversorgung kippen, anstatt nach Damaskus zu gehen. Deswegen bist du wahnsinnig geworden.“

„Deshalb haben wir dir eine Lektion erteilt.“

„Das ich sterbe?“

„Nein das du lebst.“

„Dann ist das alles ein Traum gewesen?“

Der Ozean, der in seinen Träumen immer zu still stand bewegte sich nun. Wellen schwappten auf das Floß. Richard verlor fast das Gleichgewicht. Der Fährmann schüttelte den Kopf und deutete auf den Kapitän. Sie waren mitten auf dem Meer und das Meer war unruhig. Richard schaute auf den Horizont. Wolken drehten sich in einem Wirbel auf einen Punkt im Himmel zu, der Hell erleuchtet war. Die Wolken drehten sich und drehten sich, rhythmisch wurde der ganze Himmel zu diesem Punkt gezogen. Pulsierend wie ein Strudel im Wasser. Nie waren in seinen vorherigen Träumen Wolken da gewesen und nun das?

„Er will einfach nicht. Ich habe es dir doch gesagt."

„Er ist nicht reif genug. Er hat Unsinn im Kopf. Jeder sagt es ihm doch er hört nicht zu."

Richard nahm Ophanim in die Hand, es brannte als er ihn anfasste. Ophanim hörte auf sich zu drehen. Der Himmel stand auf einmal auch still. Was geschah hier?

„Denkst du er ist bereit für Runde Zwei?“ fragte der Kapitän.

„Er muss nach Damaskus und er will einfach nicht.“

„Er hat aber seine Blutschuld bezahlt.“

„Ja das hat er, das hat er.“

„Doch er begreift nicht.“

„Dann soll er eben nochmal durch.“ Sagte der Fährmann während er eine Feder aus seinem Gewand riss und auf dem Zeigefinger balancierte.

Richard drückte Ophanim an seine Brust. Er wollte aufwachen, er wollte hier weg, er wollte wieder Herr der Lage sein. Seinen Plan umsetzen und diese Hirngespenster loswerden. Wo war Stella? Würde der Krankenwagen rechtzeitigt eintreffen? Er hatte doch noch so viel vor. Die Hungernden, die Armen, die Kranken alle verließen sich doch auf ihn. Wenn nicht er, wer dann? Irgendwer musste sich doch verantwortlich fühlen und etwas tun. Aufstehen, Lärm machen, sich empören. Die 99% waren doch in der Mehrheit. Wieso war die Welt so ungerecht? Warum war der Reichtum so konzentriert und Armut so weit verbreitet? Jemand musste das in Ordnung bringen. Er war dieser jemand, er war der Krieger des Lichts. Seine Legende durfte nicht verloren gehen. Er musste kämpfen. Stark sein und sich die Gesichter merken. Wenn nicht er, WER DANN?

Gonzo kotzte Wasser. Er war gesprungen, in den Fluss unter der Brücke. Die Walzen hatten ihn nicht erwischt. Ein Gitter vor den Walzen hielten Fische davon ab, von den Walzen zermahlen zu werden. Ob nun Fisch oder ein Mensch, diese Wehre sind selbstmordsicher gebaut. Er war eine ganze Weile unter Wasser gewesen und hatte wahrscheinlich stark halluziniert. Benzilsäureester, Alkohol und Sauerstoffmangel sind nicht gut für den Verstand. Er röchelte und kotze Wasser als er wieder an die Oberfläche kam. Er war noch in seiner Heimatstadt. Er hätte keine Drogen nehmen sollen, er hätte keinen Selbstmordversuch unternehmen sollen. Was war geschehen? Er schwamm an den Beckenrand der Schleuse und zog sich an einer Leiter aus dem Wasser. Er stand am Ufer und schaute auf die Brücke, sie war 200 Meter weit flussaufwärts. Keine

Steueroasen, keine Stella, keine Stewardess. Nichts. Alles nur chemische Reaktionen in seinem Kopf. Panik und Drogenrausch während er unter Wasser gewesen war. Er würde nicht nach Guernsey gehen, er würde nach Damaskus gehen. Gonzo trottete die Straße entlang, in Richtung seiner Wohnung. Seinen Schlüssel hatte er noch, Handy und Geldbeutel lagen im Fluss. Was für ein abgefahrener Trip. Seine Schuhe quietschen nicht mehr vom Wasser, als er vor dem Gebäudekomplex ankam, in dem er wohnte. Er schloss die Haustür auf und trottete das Treppenhaus hinauf. Er schloss seine Wohnungstüre auf und fror ein.

Außer eine Matratze war die Wohnung leergeräumt. Wäscheleinen hingen in der Wohnung. Bevor er in die Steueroase aufgebrochen war, hatte er seine Wohnung leergeräumt nicht aber vor seinem Selbstmordversuch. Jetzt war er hier und seine Wohnung war leer. Er verlor den Verstand. Er schaute an sich hinunter. Seine Kleidung war Nass doch an seiner Brust, klebte Blut. Es war getrocknetes Blut, es strömte nicht. Doch er blutete an derselben Stelle an der er sich beim Autounfall verletzt hatte. Er ging ins Bad, dort stand ein Tank. Hatte er etwas angemischt? Reagenzgläser standen herum. In der Badewanne lag ein weiterer Tank. Was geschah hier?

Er ging zurück ins Wohnzimmer und betrachtete die Wäscheleinen. Der Mond schien zum Fenster hinein. Da bemerkte er ein einzelnen Zeitungsauschnitt der an den Wäscheleinen hing. Er nahm ihn und lass.

„Gescheiterter Terroranschlag. Täter flüchtig. Unbekannter verletzt mehrere Wachmänner der lokalen Wasserversorgung und verunreinigt die Wasserversorgung. Krisenmanagement vereitelt Katastrophe. Hundertausende Liter Wasser mit Halluzinogenen verunreinigt. Täter auf der Flucht."

Gonzo schaute in das Bad und wieder auf den Zeitungsartikel.

„Du bist nicht besser als ein Selbstmordattentäter" hatte Stella gesagt. Stella war nicht echt? Oder war sie es?

„Er war nicht besser als ein Selbstmordattentäter" schoss es ihm durch den Kopf. Was war passiert. Was passiert mit mir.

Gonzo sackte zusammen er konnte nicht mehr. War er verrückt geworden? Er wusste nicht mehr was real war. Mit zittrigen Händen legte er sich auf die Matratze und starrte ins Bad. Er zerknüllte den Zeitungsartikel und aß ihn auf. Warum sollte er ihn auch behalten. Er wand sich auf der Matratze hin und her. Kratze mit den Fingernägeln über den Fußboden, der Nagel an seinem Zeigefinger riss ein. Es dämmerte ihm. Wenn sein Plan zum Scheitern verurteilt war, war der nächste Gedanke gewesen, eine Wirtschaftskrise zu verursachen. Er musste den Autounfall überlebt haben und zurückgekehrt sein. Er lebte in der ökonomisch wichtigsten Region von Europa. Eine großflächige Verunreinigung der Wasserversorgung hätte die Region lahmgelegt und zu einer Wirtschaftskrise geführt. Doch warum wollte er das? Für seine Revolution? Was war nur aus ihm geworden. Was war überhaupt real. Er brauchte Schlaf. Er legte sich auf die Matratze und schloss die Augen.

In der Dunkelheit und in der ferne ganz klein zu erkennen. Ophanim. Sich im Kreis drehend wie er selber. Er glitt in den Schlaf und Ophanim verschwand.

Als er aufwachte war er in einem Krankenhaus. Er um seine Brust war ein Verband gewickelt. Er schaute nach links dort lagen zwei weitere Kranke. Lichtpunkte flackerten an der weißen Hospitalwand, an seiner rechten Hand war eine Nadel angebracht, über ihr weißes Verbandszeug. Er erhielt eine Infusion. Er schaute nach rechts und das Glasfenster der Krankenhaustür gab zwei Gendarmenpreis. Er hatte wieder geträumt. Er war gesprungen und doch war er nicht gesprungen. Zu viel. Alles zu viel. Er wusste nicht mehr was passierte. Er blinzelte. Seinen Augen schlossen sich wieder.

Er saß auf dem Floß und sagte leise vor sich hin: „Hört auf damit. Ich gehe ja schon nur lasst mich endlich in Ruhe.“ Der Fährmann beugte sich zu ihm hinunter.

„Hast du endlich genug?“

„Ja habe ich. Genug von dieser Welt. Ich will nicht mehr. Es war eine dumme Idee, die Welt ist gut so, wie sie ist.“

Der Kapitän war ihm sein Geldbündel mit der Aufschrift „Blutschuld“ vor die Füße. Gonzo umklammerte seine Beine und wippte vor und zurück.

„Was wollt ihr?“

Beide sagten zusammen: „Wir wollen gar nichts. Du willst. Verlangst immerzu, bist rastlos, suchst und suchst. Klagst an und klagst immerzu. Keine Ordnung im eigenen Leben aber immerzu die Welt anklagen. Wir wollen dir gar nichts. Du aber du scheinst nicht abzulassen."

„Ich kann nicht mehr."

„Das wissen wir. Doch redest du nur wieder mit vorgeschobenen Gesichtern darüber, dass du es einsiehst. Du siehst es aber nicht ein. Immerzu schaust du auf die Welt und willst die Hierarchien umkehren. Was ist, wenn die Welt gerecht ist so wie sie ist?"

„Ist sie das denn?" fragte Gonzo.

„Deine Methode ist ein uralter Trick des Teufels. Politik des Neides. Entropie, Devolution. In den Abgrund schauen, bis die Lehre dich verspeist, mit Haut und Haar und dich die Dunkelheit durchdringt. Das repräsentierst du. Zunächst machst du menschliche Aktivität aus. Du notierst eine Verteilung von Erfolg. Machst Gewinner und Verlierer aus. Dann stellst du dich hin und behauptest, dass die Verlierer nur verlieren, weil sie permanent durch die Gewinner unterdrückt sind. Kein konkreter Beweis für diese Unterdrückung muss für dich existieren. Die Verschiedenheit der Verteilung des Erfolgs unter den Gruppen ist für dich ein unwiderlegbarer Beweis. Du willst natürlich, dass die Institutionen intervenieren, um die Gewinner zu bestrafen und die Verlierer zu belohnen. Dann lehnst du dich entspannt zurück in deiner marxistischen Vorstellung der Welt. Einteilung der Welt in Opfer und Unterdrücker. Du badest dann förmlich in deiner moralischen Erhabenheit,während du für die Gewinner nur moralische Entrüstung übrig hast. Das widerholst du, für immer und überall wo hin du schaust. Aus Proletariern, werden Frauen, Minderheiten religiöse wie ethnische. Egal wohin du schaust, unterdrückende Gewinner und unterdrückte

Verlier. Organisieren willst die Verlierer, die in Ressentiment baden. Einen Groll hegen auf alles was gut und rechtens ist. Die vermeintlich Schwächsten rekrutieren und es der alten Ordnung, der Alten Hierarchie zeigen. Zerschlagen und zerschmettern was über Jahrhunderte gewachsen ist, für eine Perversion der Gerechtigkeit. Soziale Gerechtigkeit nennst du es, Neidpolitik nennen wir es. Wie eine Tarantel willst du dein Netz spinnen. Du falscher Prophet der Gleichheit. Wir wissen was in deiner Seele steckt. Schwarz ist dein Rücken und schwarz ist deine Seele. Rachsüchtig bist du. Die alte Ordnung, die alte Ordnung. Alles ist schlecht. Wir werden dich aber in dein Versteck zurückdrängen, so hoch es auch sein mag. Dein moralischen Wolkenschloss der Erhabenheit. Das Netz der Lügen wird zerschnitten werden und wir werden Rache an dir üben und an dem was du

Gerechtigkeit nennst. Der Mensch muss sich von Rache frei machen, das ist die Brücke zur höchsten Hoffnung. Zu Regenbögen nach langen Stürmen. Du aber willst das nicht. Du willst dich nicht fügen. Keine Lehrjahre haben. Du willst absahnen, ohne Disziplin, ohne Tadel, ohne Lernbereitschaft. Du willst alles und du willst es jetzt. Kindlich naiv, von Bosheit geküsst. Du möchtest , dass die Stürme des Lebens voll von gerechter Rache sind. Denn du weißt, wer Gewinner ist, wer Verlier. Du bist der Richter der Neidkultur, der Rachsucht auf alles, was gerecht geraten ist und nicht aus einer Laune heraus aus der Reihe tanzt. Der sich selbst aus dem Stein meißelnde Bildhauer, der du nicht sein möchtest. Nein, du bist ein Aufgeber und aus dieser Aufgeberei heraus hasst du alle, die Ja sagen. Die singen, die tanzen und schaffen was gut und richtig ist. Du, mit deinem Willen zur Gleichheit, deiner tyrannischen

Ambition, zu zerschlagen was müßig aus Stein gemeißelt wurde. Schmeißt mit Beleidigungen um dich wo du nur kannst, auf der Suche nach anderen Herzen voller Rachsucht. Du Priester der Gleichheit. Schreist in deiner Impotenz von Gleichheit, nutzt virtuose Wörter um dein dunkles Herz zu verbergen. Tarantel die du bist. Was dein Vater für verschüttet hielt, kommt in dir heraus. Die Boshaftigkeit verläuft durch deine Familie, unfähig nicht dauernd zu vergleichen. Immerzu des Nachbars Garten betrachtend. Der Neid hat dich auch auf des Denkers Pfad gezogen, doch außer Meme von marxistischen Schlagwörtern ist da nicht viel. Genug, um den gemeinen Mann zu überzeugen, aber nicht genug Gedachtes um zu begreifen auf welchen Irrpfad man wandelt. Oder sollten wir lieber sagen krabbelt. Tarantel die du bist. Denker willst du sein, doch denkst du nur um deinen

Status herum. Institutionen und Bewegungen sind dir doch egal. Vorrangig geht es dir darum, deine eigene Position innerhalb jeder beliebigen Struktur zu verbessern, während dein impotentes Schimpfen auf Macht hofft. In jedem deiner Schritte schwingt die Bitterkeit, der Neid mit. Als ob dein Schaffen nicht allzu offensichtlich ist, kannst du es doch öfter als nicht verschleiern, weitere Menschen beißen und dein schwarzes Zeichen hinterlassen. Sichel und Hammer, Kreuz mit Haken. Wichtig ist der Neid auf das Wohlgeratene. Das Edle, das was zum Licht strebt. All das was du sein könntest, wenn du dich nur dazu entscheiden würdest. Doch du willst nicht, du sprichst lieber zu anderen Taranteln, beschließt ein edles Vokabular voll Ausgrenzung. Forderst Sturm, um Sturm, um Sturm. Kein Ergebnis ist gerecht für dich, wenn der Mensch in Freiheit ist. Wenn in freier Wahl, der Weizen von der Spreu sich trennt, wetzt du dir das Maul. Kaust auf Wörtern wie Gerechtigkeit und Sozial herum, spuckst sie aus und nimmst Rache an dem was wächst und gedeiht. Die Doktrin des Lebens ist dir fern, nur tribalistischer Aberglaube an Neid und Rache. Du Priester des Todes. Verbrenner den Häretiker. Nein, Freiheit darf nicht sein. Die Defektesten wollen über die anderen herrschen, weil sie sich selbst nicht unter Kontrolle haben und so scheint es dir als ob die ganze Welt sich zusammen tut, nur um dich aufzuhalten. Dabei bist du das letzte Tier der Herde, mit deinem Willen zu Gleichheit und Hass auf die Freiheit."

Gonzo sprach: „Was Gerechtigkeit mir bedeutet, ist genau das, dass die Welt gefüllt wird mit den Stürmen meiner Rache. Rache werde ich üben an allen, denen ich nicht gleich auf bin und Wille zur Gleichheit soll von nun an der Name für Tugend sein. Gegen alles was Macht hat, erhebe ich meine Faust."

„Wörter der Tugend, verwendest du nicht mehr um deinen Neid zu verschleiern. Deine Reise endet hier, genug gespielt mit der Lust vom Richter sein. Beurteilen und verurteilen das willst du gut können, es drängt dich, doch du kannst es nicht. Zu schlecht fühlst du dich. Weil dein Blickwinkel ein schlechter ist, gib ihn endlich auf und fang dein Leben an. Der Wahnsinn kommt nach Hause, mit dir und allem was du angerichtet hast. Dein Countdown zum Wahnsinn beginnt. Du nüchterst aus".

Printed in Poland
by Amazon Fulfillment
Poland Sp. z o.o., Wrocław

60926138R00193